KIBBUZ SARID

HANS-JÜRG STEFAN

KIBBUZ SARID

Calwer Verlag, Stuttgart
Basileia Verlag, Basel

© Copyright 1974 by Basileia Verlag, Basel und Calwer Verlag, Stuttgart
ISBN 3-85555-019-0 (Basileia)
ISBN 3-7668-0442-1 (Calwer)
Gestaltung: Robert Leu, Basel
Satz und Druck: Tanner & Bosshardt AG, Basel
Fotos: Alex Bar-Ilan und Josef Drenger, Sarid (Israel) und Hans-Jürg Stefan
Der auf S. 20 wiedergegebene Ausschnitt aus der
Passah-Ordnung stammt aus der »Haggadah schel Pessach«,
hrsg. vom Kibbuzverband Hakibbuz Haarzi, Tel Aviv, 1971.
Den Entwurf für den Kibbuz-Plan auf S. 11 stellte Mordechai Amitai, Sarid, zur Verfügung.
Einband: Buchbinderei E. Riethmüller & Co., Stuttgart

Experiment gemeinsamen Lebens

»Warum interessieren sich eigentlich so viele junge Menschen für den Kibbuz?«, fragt uns Mordechai Amitai, ein seit vielen Jahren im Kibbuz Sarid ansässiger Schriftsteller. Sowohl mit dem Leben in Europa, wie mit dem Alltag der israelischen Gemeinschaftssiedlung bestens vertraut, wundert er sich: »Zuhause verfügen diese Jugendlichen über alles, was sie sich wünschen, jedenfalls über mehr als sie zu konsumieren vermögen. Dazu leben sie in einem Land voller unüberbietbarer Schönheiten, ohne die dauernden Spannungen und Gefahren, welchen wir ausgesetzt sind... Was also suchen sie hier, wenn sie für Wochen oder Monate in unsere Plantagen arbeiten kommen?« Allein aus der Schweiz sind es jährlich viele Hunderte, aus andern europäischen Staaten und aus Übersee zusammen etliche Tausende. Was bewegt sie? Abenteuerlust? Fernweh? Raffinierte Werbebüros, die den jugendlichen Massentouristen günstige Angebote unterbreiten und ihnen versprechen, sie würden nebenbei »auf Schritt und Tritt eine 5000 Jahre alte Vergangenheit« zu spüren bekommen? Oder die aus mehr oder weniger enthusiastischen Berichten »Ehemaliger« genährte Kibbuz-Legende, die von Inseln einer unproblematischen Existenz schwärmt, von einem Leben, das angeblich in vollkommener Sorglosigkeit, in Freiheit und Gleichheit geführt wird?
Welche Motive auch immer mitspielen, wir werden die noch weit verbreitete Kibbuz-Faszination nur dann überwinden, wenn wir uns selber intensiv auf solch ein Experiment gemeinsamen Lebens einlassen. Darum fahren wir inmitten einer Schar interessierter Jugendlicher hin, um uns an Ort und Stelle mit dieser besonderen Lebensform auseinanderzusetzen.
Statt hier und dort in einigen der über 200 israelischen Kibbuzim herumzuschnuppern, durchmustern wir vorerst eine einzelne Siedlung. Durch einen Gruppeneinsatz erhalten wir Einblick in den Alltag des Kibbuz, in das Familienleben, in die Erntearbeiten, in die Freizeitgestaltung. Wir beginnen, ein Stück lebendige Wirklichkeit wahrzunehmen, einen Kibbuz, wie er leibt und lebt. In vielen spontanen Gesprächen erfahren wir Näheres über seine aktuellen Probleme, über den rationellen Ausbau von Landwirtschaft und Industrie, über die Entstehung und Entwicklung der Siedlung, schliesslich auch über die Kräfte,

welche hinter der ganzen Bewegung stehen. Und so wird uns an diesem einen Beispiel zugleich etwas von der allgemeinen Bedeutung der Kibbuzim deutlich.

Am Rand der fruchtbaren Jesreel-Ebene, im Norden Israels, liegt mitten in einer Reihe verwandter Siedlungen der Kibbuz Sarid (vgl. Karte S. 72). Wir erreichen ihn über die Hauptstrasse von Haifa oder Afula her, indem wir wenige Kilometer vor Nazareth auf eine Seitenstrasse abbiegen. Als erstes fallen uns die zahlreichen, grossgewachsenen Bäume auf, die sich schattenspendend über ein Netz von asphaltierten Verbindungswegen wölben. Wir entdecken einen Siloturm, ein Wasserreservoir, moderne Wohnblöcke, aber auch einfache Holzbaracken, eine Fabrik und verschiedene Stallungen. Und aus einem knappen Steckbrief ist uns bekannt, dass hier über 700 Leute wohnen. Auf 700 Hektaren Land, von denen die Hälfte bewässert wird, gedeihen Getreide, Baumwolle, Kernobst und Zitrusfrüchte. Dazu gehört ausserdem eine der grössten Milchproduktionen von ganz Israel und eine bedeutende Schleifsteinfabrik. Sehen wir uns das alles näher an!

Zeichen am Weg:
SARID —
Heim-Stätte
Übriggebliebener

Praktischer Einsatz vermittelt Kibbuzbesuchern erste Einblicke in ein Experiment gemeinsamen Lebens

Sichtbar gestaltetes Miteinander

Schon beim ersten Rundgang fällt uns auf, wie konkret die Kibbuz-Idee bis in die äussere Anlage der Siedlung verwirklicht wird. Von der Landstrasse her gelangen wir am Fabrikbetrieb, an Wirtschafts- und Wohngebäuden vorbei direkt ins Zentrum der Siedlung. Auf der Höhe des sanft geschwungenen Hügels, der Sarid trägt, liegt der »Chader ochel«, der Speisesaal (1), zu dem von allen Seiten her Fusswege und Strässchen zusammenlaufen. Wir befinden uns im Herzen der Siedlung. Von morgens früh bis abends spät herrscht hier ein buntes Treiben. In dem hellen Saal werden drei Mal täglich schichtweise sämtliche Erwachsenen verpflegt, mehr als 200 Personen gleichzeitig. Unmittelbar vor Arbeitsbeginn, im Sommer um 04.30 Uhr, stehen die Erntearbeiter zur ersten Tasse Kaffee oder Tee an, um nach ein paar Stunden zum reichhaltigen Morgenessen zurückzukehren. Inzwischen haben sich viele der übrigen Kibbuzniks eingefunden. Munter plaudernd stehen sie an einem langen Buffet und bedienen sich nach ihrem persönlichen Geschmack mit Tomaten, Gurken, Pepperonis, Rüben, verschiedenen Saucen, Quark, Yoghurt, Eiern, Fisch, Sardinen, Brot, Käse, Butter, Marmelade, Kaffee, Tee, Brei oder Müesli... Wer hätte solch ein reiches Angebot erwartet?
Das bunte Hin und Her im Chader ochel beschränkt sich nicht nur auf die Essenszeiten, ist doch der Speisesaal, dem eine grosse Küche und Vorratskammern angegliedert sind, auch Treffpunkt für andere gemeinschaftliche Anlässe, z.B. für die wöchentlich stattfindenden Generalversammlungen oder für die Stunden der Erholung. Im Erdgeschoss ist ein Clubraum eingerichtet, der alt und jung offensteht. Zwanglos sitzen abends kleine Gruppen zu einem Gratis-Drink beieinander, diskutieren, spielen Schach oder vertiefen sich in Zeitschriften und Bücher. Ausser einem für Jugendliche eingerichteten Tanzraum ist dieser »Club« das einzige Restaurant des ganzen Dorfes. Konsumation und Zerstreuung scheinen wenig gefragt. Hingegen wird dem Familienleben, der schöpferischen Eigentätigkeit und dem direkten Interesse am innern und äussern Geschehen des Kibbuz grosse Bedeutung zugemessen. Vor dem einzigen Fernsehapparat auf dem Balkon des Speisesaales sitzen selten mehr als ein paar jüngere Leute. Dafür entdecken wir am Anschlagbrett unten im Treppenhaus nicht nur die

Arbeitseinteilung für den kommenden Tag, sondern auch ein respektables Angebot an Weiterbildungsmöglichkeiten, an Freizeitbeschäftigungen, die persönliche Interessen fördern und Gemeinschaft bilden: Sport, Musik, Tanz, Fotografieren, Bibliothek, Weiterbildungskurse.
In der Nähe findet sich eine mächtige Sporthalle (2), die für Wettkämpfe, für den Turnunterricht der Schüler, aber auch für Filmvorführungen, Theater, Konzerte, Vorträge und grosse Feste rege benützt wird. Draussen bietet eine Art Arena Gelegenheit für entsprechende Veranstaltungen im Freien. Ein Schwimmbassin (3), Grünflächen mit Blumen, Sträuchern und schattigen Bäumen laden zur Erholung ein. Für uns sind das Selbstverständlichkeiten. Der Kibbuznik aber weiss, dass derselbe Platz vor wenigen Jahrzehnten noch aus kargem, steinigem Boden bestand. Jeder Quadratmeter Erde wurde mühsam hergeschafft, jedes bisschen Rasen von Hand (!) gepflanzt und sorgsam bewässert. Die inzwischen zu stattlichen Riesen herangewachsenen Bäume sind Zeugen beharrlichen Aufbauwillens, ein Stück Verwirklichung des uralten Auftrags, den Erdboden »zu bebauen und zu bewahren« (1. Mose 2, 15).
In der Nähe des Zentrums sind weitere Dienstleistungsbetriebe angegliedert: eine kleine Klinik (4) mit Wartezimmer, Untersuchungsraum und zahntechnischem Labor, ferner ein kleines Museum (5) mit einer Bibliothek und einem sorgfältig zusammengestellten Archiv, dann das Sekretariat (6) mit Bureaux, Post und Telefon, die Wäscherei (7), Nähstuben und Kleiderkammer (8), das Depot für alle möglichen Gebrauchsartikel. Eigentliche Geschäfte, ein Kiosk oder gar ein Supermarkt erübrigen sich. Für die Bedürfnisse jedes Einzelnen ist gesorgt. Jeder bekommt, was er benötigt. Jeder hat Anspruch auf einen gewissen Lebensstandard, der freilich für alle Mitglieder derselbe ist und in Sarid ein beachtliches Niveau erreicht hat. Selbst der eigene Kosmetiksalon fehlt nicht, und jede Frau über 25 hat das Recht, sich fachgerecht und individuell behandeln zu lassen – übrigens von der speziell dazu ausgebildeten Gattin eines im Kibbuz ansässigen Ministers.
Doch zurück zu unserem Rundgang! Im Sektor der Wirtschaftsgebäude finden wir eine Hühnerfarm (9), einen Silo für Futter und Getreide (10), einen Wasserturm (11), Garagen (12), eine Schlosserei (13), eine Schreinerei (14) und eine Schusterwerkstatt (15). Die Kuhstallungen (16) fallen durch ihre hochmoderne und rationelle Einrichtung besonders auf. Ein Minimum an Arbeitskräften be-

Kinder und Jugendliche

Erwachsene

Dienste

Wirtschaft

1 »Chader ochel« Essraum, Küche, Vorratskammern, Club
2 Sporthalle
3 Bad
4 Klinik und Krankenzimmer
5 Museum
6 Sekretariat und Post
7 Wäscherei
8 Kleiderkammer, Nähstube
9 Kückenausbrütung, Hühnerställe
10 Futter- und Getreidesilo
11 Wasserturm
12 Garagen
13 Schlosserei
14 Schreinerei
15 Schusterwerkstatt
16 Kuhstallungen
17 »Gamal«, Schleifsteinfabrik
18 Säuglingshaus
19 Kindergärten
20 Vorschule
21 Mittelschüler
22 Wohnhäuser für Erwachsene
23 Ulpan, Sprachstudio
24 Bibliothek

Im Melkstand wird das sonst sorgsam rationierte Wasser im Interesse peinlicher Sauberkeit verschwendet. Die Milch gelangt durch die Maschine direkt in ein Kühlgefäss und wenig später mit Kühlwagen in die Milchzentrale Haifa

sorgt in relativ kurzer Zeit eine grosse Stückzahl Milchvieh. Gleichzeitig finden zwölf Kühe im sauberen Melkstand Platz. Von dort aus gelangt die Milch direkt in ein Kühlgefäss und per Kühlwagen nach Haifa in die Milchzentrale. Die Statistik verschiedener Wirtschaftszweige weist eindrückliche Zahlen auf (1971):

Jahreserträge: pro Kuh 7–8000 l, total 1 500 000 l Milch (innerhalb der letzten 2 Jahre auf 2 Millionen gesteigert),
500 000 Kücken, 2,6 Mio Eier,
120 t Hühner- und 300 t Kalbfleisch,
1200 t Weizen, 472 t Baumwolle (zwei Jahre später über 800 t), 700 t Kernobst,
1200 t Zitrusfrüchte.
Jahresumsatz: 8 Mio Isr. Pfund

Neben der intensiv betriebenen Landwirtschaft bildet die Industrie eine wichtige Einnahmequelle des Kibbuz. Sarid hat sich sowohl durch seine Beteiligung im Strassenbau als auch durch Export wichtiger industrieller Produkte einen Namen gemacht. Darum wollen wir den Fabrikbetrieb am Rand der Siedlung (17) nicht übergehen. Uzi, ein ehemaliger Berner, führt uns durch den sogenannten »Gamal«, was nichts anderes bedeutet als »Kamel«, die Hausmarke, die auf jedem produzierten Stück angebracht wird. Schleifsteine in Hunderten von Formen und Grössen, vom winzigen feinkörnigen Instrument für den Zahnbohrer bis zu groben Platten, die Betonblöcke zu zerschneiden vermögen, liegen schön geordnet zum Versand bereit. Ausser dem speziellen Material für Diamantschleifereien hat Sarid in dieser Sparte praktisch das Monopol für Israel und ist sogar für den ganzen Mittleren Osten der einzige bedeutende Schleifstein-Lieferant. Zehn Prozent der Produktion gehen ins Ausland, durch Zwischenhandel auch in Länder jenseits der Demarkationslinien. Die Nachfrage ist so gross, dass die rund 50 Arbeitskräfte längst nicht mehr ausreichen und die Kunden mit Lieferfristen bis zu sechs und mehr Monaten rechnen müssen. Hochinteressant ist der ganze Entstehungsprozess der Steine, die in sorgfältiger manueller und maschineller Arbeit angefertigt werden: Schleifsand wird gewogen und in verschiedenen Körnungen und Härtegraden abgemessen, gemischt, in Formen gegossen, gepresst und bei 1350° Hitze stundenlang gebrannt, tagelang abgekühlt, weiterbehandelt, geprüft, gelagert und verschickt. Mir fällt auf,

Auf dem höchsten Punkt der »Chader ochel«: zentraler Treffpunkt für alle. Im ersten Stock der Ess-Saal, darunter der Club-Raum, im Hintergrund Küche und Vorratsräume

Diakonie im eigentlichen Sinn: Jeder ist einmal an der Reihe, seine Kameraden zu bedienen. Über 700 Kibbuzniks werden in dem geräumigen Saal verpflegt

dass unter der Belegschaft eine gelöste Atmosphäre herrscht. Einige Arbeiter haben sogar ein Radio bei sich. Für unsere Begriffe ist das Arbeitstempo eher gemütlich, und die Uhr, welche erst vor wenigen Monaten montiert wurde, wirkt diskret. Jeder kontrolliert sich selber. Auf die Frage, wieviel Stunden sie an der Maschine sitze und ob ihr die Arbeit zusage, antwortet eine Frau: »Sechs Stunden, ungefähr, in meinem persönlichen Tempo; wenn ich nicht mag, etwas weniger. Niemand schreibt mir das genau vor, niemand treibt; im übrigen gefällt es mir hier besser als im Kinderhaus, wo ich bei den Grösseren eingesetzt war. Auf meinen Wunsch wurde ich hierher eingeteilt.«

Kinderhäuser? Wir wollen uns auch die Wohnhäuser näher ansehen, an der Südost- und Südwestflanke die einfachen Holzbaracken aus der Anfangszeit, die jetzt von Jugendlichen bewohnt sind, dann die etwas komfortableren Steinhäuser und die modernen Blöcke, die je nach Dauer der Mitgliedschaft von der entsprechenden Altersgruppe belegt werden. Uns scheint das eine gute Lösung des Wohnproblems. Wer einige Jahre aktiv mitgearbeitet hat, bekommt, sobald der Kibbuz dazu in der Lage ist, eine etwas bessere Unterkunft, anfänglich ein kleines Zimmer, später eine Stube mit Vorraum, Kochnische und Dusche, schliesslich eine Wohnung mit zwei und mehr Zimmern. Auffallend, wie die Häuser der Jüngsten von allen übrigen Gebäuden schützend umrahmt werden, angefangen beim Säuglingshaus (18), bei den Kindergärten (19) bis zur Vorschule (20). Die Mittelschüler (21) logieren bereits in der Nähe der Erwachsenen (22), ebenfalls die Kursteilnehmer, die im Ulpan (23) einen mehrmonatigen Intensivlehrgang in Ivrit, dem heute gebräuchlichen Hebräisch, absolvieren. Einwanderer und weitere Interessenten finden durch ihr Studium einen ersten Zugang zum modernen Staat mit seinen über hundert verschiedenen Sprachen. Durch mehrstündige Mitarbeit in der Landwirtschaft wird zugleich auch ein unmittelbares Verhältnis zu dem von den Vätern ererbten, neu erworbenen und wieder urbar gemachten Land vermittelt.

Überblicken wir nochmals den Siedlungsplan (S. 11), die »Dienstleistungsbetriebe« und die Wohnhäuser der Jüngsten im Zentrum, darum herum die Wohnungen der älteren Generationen und die Wirtschaftsgebäude. Diese Anlage entspricht genau dem Grundgedanken des Kibbuz, der das Gemeinschaftliche in die Mitte stellt. Entsprechend nannten sich schon im vergangenen Jahrhundert die ersten einwandernden Pioniergruppen »Kommunah«, Kommune.

Sie teilten aus ideellen und praktischen Gründen Wohnung und Besitz und versuchten das Leben als »Kvuzah«, als Gruppe, gemeinsam zu bewältigen. Erst später setzte sich die heute übliche Bezeichnung »Kibbuz« durch. Die zu grösseren Lebensgemeinschaften angewachsenen Gruppen festigten und vergrösserten ihre Niederlassungen. So wurden sie fähig, Flüchtlinge aufzunehmen, die in verschiedenen Einwanderungswellen heranreisten. Auch der Kibbuz Sarid wurde beides, eine Heim-Stätte für Juden aus der europäischen Diaspora und eine Zelle des wandlungsfähigen Aufbaues, der Geborgenheit für künftige Generationen.

Heim-Stätte Übriggebliebener

Wer Sarid besucht, staunt zunächst einmal, wieviele europäische Sprachen neben der offiziellen Landessprache Ivrit lebendig geblieben sind: Jiddisch, Rumänisch, Polnisch, Englisch, Deutsch, Französisch, Russisch, Spanisch, Ungarisch, Tschechisch... Das hängt direkt mit der Tatsache zusammen, dass hier Menschen eine Zuflucht vor drohender Vernichtung fanden, wie es der eigentlichen Bedeutung des Namens entspricht: »Sarid« ist nämlich einer, der durchbrach, der davonlief, seine Existenz rettete, ein Übriggebliebener. »Sarid« bedeutet aber auch Überbleibsel! Und wirklich finden wir in dem seit biblischen Zeiten bekannten Ort beides: Überreste, zahlreiche Fundstücke aus längst verschütteten Epochen und lebendige Zeugen. Juden, die von ihrer Flucht aus Europa zu berichten wissen, Verfolgte, die seinerzeit einen Teil ihrer Angehörigen verloren und selber im letzten Moment der »Fahrt ins Staublose« entkamen, sodass sich an ihrem Leib die typische Erfahrung Israels wiederholte: Exodus, Auszug, Herausrettung und Sammlung im Land ihrer Vorfahren. Ähnlich wie jene ersten Nomadenstämme vor Jahrtausenden kehrten sie der Fremde den Rücken. Aus dem Exil, aus vielen Ländern fanden sie heim in das eine, von alters her zugesagte »Altneuland«, wie es Theodor Herzl nannte.
Mirjam und Joseph zum Beispiel: Zu verschiedenen Malen sind wir in ihrer freundlichen Wohnung eingeladen. Joseph ist Zahntechniker von Beruf und passionierter Photograph. Mirjam, seine Gattin, erzählt uns im Telegrammstil die Geschichte ihres Lebens, derart schnell, dass wir mehrmals um eine kleine Pause bitten müssen, um unsere Notizen nachzuführen: »Wir kommen aus der Tschechoslowakei und hatten das Glück, auf einem der illegalen Emigrantenschiffe dem Hexenkessel rechtzeitig zu entkommen. Unsere Reise begann am 17. Oktober 1939, flussabwärts auf zwei überfüllten Donauschiffen. Mit Hunderten zusammen fuhren wir ins Ungewisse, denn bis zum letzten Moment wusste niemand, ob das angestrebte Ziel, Erez (Land) Israel, je erreicht würde. In der Hafenstadt Sulina, auf dem Donau-Delta am Schwarzen Meer, bestiegen wir in der Dunkelheit einen 120-jährigen Kohlendampfer, 725 Leute, Männer und Frauen, Betagte und kleine Kinder, auch zwei schwangere Mütter. Nicht weniger als hundert Tage blieben wir auf engstem Raum zusammengepfercht.

Pro Person hatten wir nur einen 45 Zentimeter breiten Liegeplatz zur Verfügung, einen elend schmalen Strohsack. Als Verpflegung wurden knappe Rationen an Suppe und Tee bemessen. Um die Hygiene war es nicht gut bestellt. Waschmöglichkeiten gab es keine, ausser, wenn etwas Schnee fiel. Auch Toiletten fehlten. Und das alles bei einer Temperatur, die zeitweise auf 17° unter Null absank. Wenn nur das Schiff nicht in noch grössere Gefahren treiben würde! Der siebzigjährige jugoslavische Kapitän äusserte schwere Bedenken. Sämtliche Matrosen hatten ihn verlassen. Nicht alle Passagiere standen die enormen Strapazen durch, einer verbrannte durch einen Unglücksfall an Bord, einer nahm sich das Leben. Was die Übrigen buchstäblich über Wasser hielt, war eine Art 'Beschäftigungstherapie': Morgenturnen, Chorsingen, Schwimmen, eine eigene Zeitung, Tagebuchnotizen, Handarbeiten und Sprachkurse. Nochmals bedrückender wurde die Situation unmittelbar vor dem Ziel, als englisches Militär zur Bewachung an Bord kam, zehn Mann und zwei Offiziere: Israel dürfe nicht angelaufen werden, alle Juden hätten sich nach Uruguay umzuschiffen. Enttäuschende Aussichten während einiger Januartage 1940, sieben Meilen vor Haifa. Eine bange Zeit. Zudem waren die Nahrungsmittel zur Neige gegangen, der letzte Zwieback längst ausgegeben. Dann, eines Nachts waren von unbekannter Hand die Ankerketten durchgefeilt worden, und wegen Sturmgefahr mussten die Maschinen aufgeheizt werden. Das Schiff wurde in den Hafen geleitet. Wir kamen an Land, Schatten von Menschen, zunächst für viele Wochen in Gefangenenlager an der Mittelmeerküste. Joseph harrte sechs Monate hinter Stacheldraht aus, bei so karger Kost, dass er vor Hunger zeitweise den Schlaf nicht fand. Nach unserer Entlassung boten uns Verwandte in Jerusalem für kurze Zeit Unterschlupf. Anschliessend begannen wir in Sarid eine neue Existenz aufzubauen. Zwar war auch hier die allgemeine Lage misslich. Nur wenige Häuser standen zur Verfügung, die Wohnverhältnisse waren ärmlich. Das Wasser war miserabel, die Gegend noch so verseucht, dass Joseph als Letzter in der Geschichte unserer Siedlung Malaria durchzustehen hatte...«
Beim Hinhorchen auf solche Erinnerungen wird uns gleich bewusst, wie konkret sich der Name »Sarid« im Schicksal seiner ersten Bewohner widerspiegelt, sodass diese ihr persönliches Erleben gleichsam mit der gesamten Geschichte Israels verflochten sehen und die geschichtlichen Zusammenhänge niemals distanziert betrachten oder gar als vergangen empfinden.

שְׂאִי סָבִיב עֵינַיִךְ וּרְאִי:
כֻּלָּם נִקְבְּצוּ בָאוּ לָךְ; בָּנַיִךְ
מֵרָחוֹק יָבֹאוּ וּבְנוֹתַיִךְ
עַל צַד תֵּאָמַנָה. אָז תִּרְאִי וְנָהַרְתְּ
וּפָחַד וְרָחַב לְבָבֵךְ; מִי אֵלֶּה כָּעָב
תְּעוּפֶינָה, וְכַיּוֹנִים אֶל אֲרֻבֹּתֵיהֶן
כִּי לִי אִיִּים יְקַוּוּ וָאֳנִיּוֹת תַּרְשִׁישׁ
לְהָבִיא בָנַיִךְ מֵרָחוֹק. וּפִתְּחוּ שְׁעָרַיִךְ
תָּמִיד, יוֹמָם וָלַיְלָה
לֹא יִסָּגֵרוּ.

ישעיהו ס׳ י״ב

Sie haben am eigenen Leibe erfahren, was anlässlich
des jährlichen Passahfestes aus der neu
gestalteten Passah-Ordnung des Kibbuzverbandes
gelesen wird:

»Hebe deine Augen auf und sieh umher:
alle sind sie versammelt und kommen zu dir.
Deine Söhne kommen von ferne,
und deine Töchter werden auf den Armen getragen.
Da wirst du schauen und strahlen,
dein Herz wird beben und weit werden...

Wer sind diese,
die daherfliegen wie eine Wolke
und wie Tauben nach ihren Schlägen?
Ja, zu mir sammeln sich die Seefahrer,
die Tharsisschiffe voran,
deine Söhne aus der Ferne zu bringen...

Deine Tore werden allezeit offenstehen,
werden Tag und Nacht nicht geschlossen werden...«

(Jesaja 60, 4–5a, 8–9a, 11a)

Einst Flüchtling auf der »Exodus« – heute Bürger in der wiedergefundenen Heimat

Lebendiges Geschichtsbewusstsein

Mordechai Amitai, kundiger Lokalhistoriker und Schriftsteller, macht uns darauf aufmerksam, dass Sarid nicht nur seit über viereinhalb Jahrzehnten als Heimstätte Übriggebliebener existiert, sondern auch im andern Sinn des Wortes »Sarid«, Überbleibsel aus grauer Vorzeit ist, ein Fundort zahlreicher Zeugen aus verschiedensten Epochen, geschichtlich hintergründiger Boden, dessen Besiedlung bis ins Neolithikum, über 3000 Jahre v. Christus zurück belegt wird.
Unmittelbar am Rand der modernen Siedlung findet sich neben der Landstrasse ein noch kaum erforschter Hügel, Tell Shadûd, über den der bekannte Archäologe W.F. Albright berichtet, er müsse zu allen Zeiten bewohnt gewesen sein, »denn wir fanden auf seiner Anhöhe und an seinen Abhängen Tonscherben aus der Späten Bronze, der Frühen Eisenzeit (verhältnismässig zahlreich), der Hellenistisch-Römischen und der Frühen Arabischen Zeit. Dieses archäologische Material bestätigt die seit langem erfolgte Gleichsetzung des Tell Shadûd mit dem Sarid von Sebulon«, nachzulesen beispielsweise im Buch Josua (19, 10.12), wo die Ortschaft als Grenzort des Stammes Sebulon erwähnt wird.
Mordechai führt uns zum ortseigenen Museum, das er in jahrelanger Arbeit aufgebaut hat. An Überresten einer römischen Durchgangsstrasse, einem beschrifteten Meilenstein und Fragmenten von Säulen vorbei betreten wir das Innere des Archivs. Eine solch reichhaltige Sammlung von Fundstücken hätten wir nicht erwartet: Keramik aus allen bekannten Epochen, neolithische Messer, Pfeile, Sägestücke, kanaanitische Krüge, Werkzeuge aus einem Hyksosgrab, eine Schale, einen Krug, einen Widderkopf, Gewichte von einem Webstuhl, ein griechisches Siegel, Münzen, – alles sorgfältig geordnet und beschriftet, ergänzt durch Dokumente aus jüngster Zeit, durch Bücher, Aufsätze, Fotos und Briefe. Das ganze Archiv belegt den in Israel verbreiteten Sinn für geschichtliche Zusammenhänge, für archäologische Funde und das wache Interesse am aktuellen Tagesgeschehen zugleich. Was seit Jahrtausenden erledigt scheint, wird immer wieder neu mit der Tagespolitik und mit dem persönlichen Erleben in Verbindung gebracht.
Da ist zum Beispiel Frau Guttmann, unsere hochbetagte Nachbarin in der Wohnung nebenan. Spontan und temperamentvoll bricht aus ihr hervor, was

Sarids Boden birgt zahlreiche Zeugnisse frühester Siedlungsepochen. Fragmente eines römischen Meilensteins aus der Zeit des Kaisers Pertinax (126–193)

sie befürchtet und erhofft: »Wer in aller Welt gibt uns die Garantie, dass wir weiterexistieren werden? Wir wollen doch nichts anderes als Frieden, Schalom. Das käme unsern arabischen Nachbarn ebenso zugut wie uns!« Schalom – das wären in der Tat gesunde Beziehungen von Mensch zu Mensch, von Volk zu Volk. Unversehrtsein, Heilsein, Gerechtigkeit, Entwicklung, gutes Einvernehmen. Mehr also als bloss Abwesenheit von Krieg und Zerstörung.

Für Frau Guttmann scheint der Kibbuz ein Stück dieses umfassenden Schalom zu bedeuten. Sie erzählt uns von ihrer Jugendzeit in Danzig, Osnabrück und Berlin, von der Kristallnacht im November 1938. Damals wurden viele Juden rechtzeitig aus ihrem Träumen aufgeschreckt. Wenige Monate vor Kriegsbeginn konnte die Tochter ausreisen. Die Mutter kam später nach, zuerst nach Haifa, dem grossen Eingangstor zahlloser Einwanderer. Dort schlug sie sich als Haushalthilfe und Köchin durch. In Sarid fand sie in der Schulküche des Mossad Chinuchi, der von mehreren Kibbuzim gemeinsam betriebenen Mittelschule, einen neuen Arbeitsplatz. Fünf Jahre hatte sie unter Paratyphus zu leiden. Heute arbeitet sie trotz eines Schlaganfalls und ihres hohen Alters noch vier Tage pro Woche in der Nähstube mit. Mit Flickarbeiten, mit Stopfen und Stricken macht sie sich nützlich. Später wird sie auch als Arbeitsunfähige und als alleinstehende Frau in der Gemeinschaft aufgehoben bleiben. Man wird sie niemals in ein Altersheim abschieben. So lange sie mag, darf sie ihren Beitrag innerhalb der Arbeitsgemeinschaft des Kibbuz leisten. Umgekehrt erfährt sie Pflege und Geborgenheit bis zuletzt.

Pioniere aus der Anfangszeit des Kibbuz sind mitbeteiligt an der Gestaltung der Zukunft

Zuhause in der Kibbuzfamilie

Auch als Besucher fühlen wir uns in der grossen Kibbuzfamilie vom ersten Tag an zuhause, unmittelbar angesprochen durch das herzliche »Schalom«, das uns in allen Tonarten entgegenklingt. Der israelische Gruss umfasst, ähnlich wie das arabische »Salam«, Frieden und Heil im weitesten Sinn, das ganze Zusammenleben, gute Beziehungen von Mensch zu Mensch, von Volk zu Volk und für alle Lebensbereiche, nicht zuletzt das leibliche und seelische Wohlergehen. Im sauber hergerichteten Zimmer finden wir erste handgreifliche Zeichen dafür, einen Strauss leuchtender Blumen, ein schmuckes Kärtchen »Willkommen in Sarid«, ein paar reife Orangen, Biscuits, Schokolade, Kaffeepulver und Zucker, den dazugehörenden Wassersieder und einen mächtigen Behälter mit köstlich frischem Sodawasser.

Nach wenigen Tagen bereits werden wir von einer Familie eingeladen, um etwas Kontakt zu finden. Unsere Gastgeber erwarten, dass wir jederzeit ohne weiteres wiederkommen, ganz unschweizerisch ohne wiederholte Einladungen, damit wir einander in längeren Gesprächen näher kommen. Mag sein, dass sich die Kibbuzniks gegen die vielen neuen Gesichter der ständig wechselnden Besuchergruppen abschirmen oder dass zuweilen Sprachschwierigkeiten auftauchen. Im allgemeinen jedoch gilt, was ein Teilnehmer unserer Arbeitsgruppe, ein Student, schreibt: »Noch nie habe ich in so kurz bemessener Zeit mit so viel verschiedenen Leuten Kontakt gepflegt. Den grössten Eindruck hat mir die Gastfreundschaft gemacht. Wer Kontakt sucht, findet ihn sicher...« – auch mit den »Sabres«, den jüngeren Kibbuzmitgliedern, die im Gegensatz zu ihren Eltern im Land geboren und aufgewachsen sind. Nach der Frucht des Feigenkaktus werden sie als »aussen stachlig und innen süss« charakterisiert, als widerborstig und abweisend, unzugänglich, stolz oder gar arrogant. Dieser Eindruck entsteht vielfach dadurch, dass sie sich am liebsten in ihrer Muttersprache ausdrücken und sich des Englischen nur ungern bedienen. Sobald sich aber bei der Arbeit und in der Freizeit Kontakte ergeben, entsteht dank unkomplizierter Spontaneität das nötige Vertrauen. Wir treffen uns im Speisesaal beim Servieren oder beim Abwaschen in der Küche, in der Arbeitspause in den Plantagen, bei

Kibbuzmitglieder und freiwillige Helfer fahren zum gemeinsamen Einsatz in den Obstplantagen

Miri singt von den Hoffnungen ihrer Generation:

»...Machar – Morgen werden Tausende von Häusern aufgerichtet, Gesang steigt auf von den Balkonen, und eine Menge Anemonen und Tulpen wachsen mitten aus den Zerstörungen.

All das ist kein Märchen, kein Traum,
es ist so wahr wie die Sonne am Mittag.
All das wird morgen geschehen, wenn nicht schon heute
– und wenn
nicht morgen, dann übermorgen...«

Gartenarbeiten oder beim Impfen in der Hühnerfarm. Wir interessieren uns gegenseitig füreinander, lernen uns ein Stück weit kennen und verstehen.

So erfahren wir einerseits etwas von den Erinnerungen, Anliegen und Sorgen der älteren Generation, die beim entbehrungsvollen Aufbau der Siedlung dabei war. Andererseits wird uns deutlich, welche Erfahrungen, Fragen und Hoffnungen die Jüngeren bewegen, die nach und nach die Verantwortung übernehmen, um Gegenwart und Zukunft des Kibbuz zu bewältigen. Besonders brennend interessiert uns, wie im Rahmen einer alles umgreifenden und bestimmenden Kibbuz-Gesellschaft ein Familienleben möglich ist. Wir vermuten, es sei zumindest erschwert, da Eltern und Kinder getrennte Häuser bewohnen, an verschiedenen Orten arbeiten, zu ungleichen Zeiten essen und teilweise auch ihre Freizeit nicht gemeinsam verbringen. Wird da der Einzelne in seiner persönlichen Entwicklung nicht beeinträchtigt oder sogar schwer geschädigt? Wie ist es möglich, die für das Kind so wichtige Beziehung zu Vater und Mutter aufzubauen?

Dann fällt uns aber auf, dass viele Eltern für uns in den späten Nachmittagsstunden nicht abkömmlich sind. »Ich muss zu meiner Tochter Miri«, heisst es freundlich, aber bestimmt. Die Zeit zwischen dem Nachmittagstee und dem Abendessen gehört ganz den Kindern, und wir wundern uns, wieviele Stunden für die Jüngsten reserviert werden. Täglich begegnen uns unterwegs auf den schmalen Kibbuzpfaden Eltern mit Kinderwagen oder fahrbaren Bettchen. Wir sehen sie zuhause spielen oder diskutieren. Sie tummeln sich auf dem Rasen vor der Wohnung oder im Schwimmbad. Nicht weit vor unserem Fenster hören wir munteres Geplauder. Ein junger Vater gibt sich mit seinem erst mehrere Monate alten Kind ab, summt ihm eine Melodie vor oder spielt mit ihm in der schattigen Laube. Eines Abends kommen wir miteinander ins Gespräch. Er stellt sich als Uzi vor, Uzi Schweizer. Wir lassen uns gerne einladen, um einmal die Wohnung und die Lebensgewohnheiten einer jungen Kibbuzfamilie näher kennen zu lernen.

Uzi und Tami – Schweizer

Uzi führt uns durch einen schmalen Vorraum, an Kühlschrank, Rechaud und Vorratsschrank vorbei in die gepflegte Stube. Auf dem Tischchen hat Tami einen Strauss pastellfarbener Blumen eingestellt. Darum herum sind ein gemütliches Sofa, ein Schaukelstuhl und ein paar Hocker gruppiert. Eine grossformatige Schwarzweiss-Foto fällt uns auf, ein selber angefertigtes Büchergestell, das die Wand bei der Türe verkleidet, und irgendwo entdecken wir einen neunarmigen Leuchter. Wo sahen wir doch schon ein ähnliches Gebilde? Richtig, auf dem Futterturm, weithin sichtbar über der ganzen Siedlung, als Wahrzeichen, das ähnlich wie der siebenarmige Leuchter im Staatswappen an die Geschichte Israels erinnert.
Die traditionellen Feste werden im Kibbuz – nicht zuletzt der Kinder wegen – regelmässig begangen: *Chanukka* (Einweihung), das fröhliche Fest der Lichter zur Erinnerung an die Makkabäer, welche den von den Griechen 167 v. Chr. entweihten Tempel zurückeroberten. Der Legende nach soll damals das einzige unversehrte Öllämpchen acht Tage und Nächte hindurch gebrannt haben. Zum Andenken daran werden der Reihe nach alle acht Arme des Chanukkaleuchters entzündet, jeden Tag eines, zur grossen Freude der Kinder, die bei dieser Gelegenheit mit einem wichtigen Stück israelischer Geschichte bekannt gemacht werden. Auch *Pessach*, das Fest des Auszugs und der Befreiung aus Ägypten, wird mit aussergewöhnlichem Aufwand als wohl grösster jährlicher Anlass mit der ganzen Kibbuz-Gemeinschaft und vielen auswärtigen Gästen gefeiert. Der Kibbuzverband hat die traditionelle Passah-Ordnung neu bearbeiten und künstlerisch gestalten lassen. Darin werden die grundlegenden Ereignisse der Frühgeschichte Israels mit der Gegenwart in Beziehung gesetzt. Die aktualisierten Texte werden während der Feier mit verteilten Rollen vorgetragen. So vermittelt das mit Lesung, Gesang, Tanz und Spiel als grosses Volksfest aufgezogene Pessach vielen Eingeladenen, die den bedeutungsvollen Traditionen entfremdet sind, einen lebendigen Kontakt mit dem Ursprung Israels.

Übrigens erzählt uns Uzi das alles in berndeutscher Sprache, denn er heisst ursprünglich »Housi« und kann als waschechter Emmentaler seinen Dialekt

Kibbuz-Kinder haben gut lachen — Eltern und Grosseltern schenken ihnen viel Zeit

nicht verleugnen. Vor wenigen Jahren erst ist er ausgezogen, um als Traxführer beruflich weiterzukommen und etwas von der weiten Welt zu erleben. Israel aber war für ihn Inbegriff des Aufbaus, der Zukunft. Durch Lisel Moser, die Gründerin und ehemalige Leiterin der Evangelischen Heimstätten Gwatt (Thun) und Moscia, war er auf Sarid aufmerksam geworden. Fräulein Moser hatte selber noch als Siebzigjährige im Ulpan einen Ivritkurs absolviert und gab Hans einen empfehlenden Brief für Jaakov, ihren ehemaligen Sprachlehrer mit, der junge Mann hoffe via Kibbuz Arbeit zu finden, da er wisse, dass Sarid Mitglied einer Ameliorations- und Landbaugenossenschaft ist, die über den grössten Maschinenpark des Landes verfügt und sämtliche Strassenbauaufträge ausführt.

Wie aber in Israel arbeiten, ohne wenigstens einige hebräische Grundbegriffe erworben zu haben? Hans Schweizer trat in die Kibbuz-Sprachschule, in den Ulpan, ein. Dort machte er allerdings nicht nur mit dem Ivrit, der modernen Landessprache, Bekanntschaft. Er lernte auch seine Lebensgefährtin Tami kennen, die er nach jüdischem Ritus heiratete. Heute heisst er Uzi und arbeitet als Kibbuzmitglied beim Ausbau der Fabrik mit. Im übrigen schätzt er die besonderen Möglichkeiten, welche sich innerhalb eines Kibbuz dem Familienleben bieten.

Präzisionsarbeit
in der
Schleifsteinfabrik

Keren wächst in ihrer Altersgruppe auf

Das muss eine interessante Geschichte sein, welche diese Metapeled, die Erzieherin, ihrer Kindergruppe erzählt

Besonders gespannt lauschen wir auf das, was uns Tami, die junge Mutter der kleinen Keren zu erzählen weiss: Vom ersten Tag an, seit nämlich Keren mit ihrer Mutter aus der Geburtsklinik heimgekehrt ist, wächst sie mit andern Neugeborenen innerhalb der Gruppe ihrer Altersgenossen auf. Für uns ist das freilich alles andere als selbstverständlich. Wie ist es denn möglich, dass Kind und Eltern eine natürliche Beziehung zueinander bekommen? Sie haben erstaunlich viel Zeit zur Verfügung. Keren verlebt zwar den grössten Teil des Tages und die ganze Nacht im Säuglingshaus, ein paar Minuten von der elterlichen Wohnung entfernt. Doch geniesst Tami grosse Vorrechte. Für die ersten sechs Wochen nach der Geburt ist sie von jeder andern Arbeit freigestellt. Bestimmt hat sie mehr Zeit für ihr Töchterchen als jede Schweizer Mutter, da sie durch alltägliche Haushaltarbeiten niemals belastet wird. Sie stillt ihr Kind, besorgt es selber, schenkt ihm so viele Stunden wie nur möglich, findet daneben aber genügend Zeit, sich auszuruhen und neue Kräfte zu sammeln. Auch später, wenn sie nach und nach wieder in den Arbeitsprozess eingegliedert wird, betätigt sie sich im Säuglingshaus oder bei den Kleinkindern, und jeden Morgen zwischen 10 und 11 Uhr geniesst sie eine sogenannte »Liebesstunde«, in der sie sich mit ihrer Keren besonders intensiv abgibt.

Und wenn Keren unruhig schläft, krank wird oder sonst aus einem Grunde nach ihrer Mutter schreit? Uzi und Tami schauen sich belustigt an. Die Kibbuzgemeinschaft sorgt in jedem Fall dafür, dass die Kinder keinen Moment unbeobachtet bleiben. Eine oder mehrere Aufsichtspersonen sind für die durchgehende Nachtwache bei den Säuglingen und Kleinkindern freigestellt. In regelmässigen Abständen machen sie bei allen 60–70 Kindern die Runde und zudem übermittelt ein zentrales Überwachungsgerät jeden Laut. Falls ein Kind krank wird oder sich nicht trösten lassen will, wird die Mutter durch eine eigens dafür eingerichtete Klingel in ihrer Wohnung benachrichtigt.

Die Kleinen werden auch sonst verwöhnt, ergänzt Uzi. Wer in der Schweiz ist in der Lage, seinen Kindern regelmässig pro Tag zwei bis drei Stunden zu schenken? Im Kibbuz ist das dank gegenseitiger Hilfe und Arbeitsteilung möglich. Die Eltern bringen in der Regel ihr Kind selber zu Bett, nachdem sie den

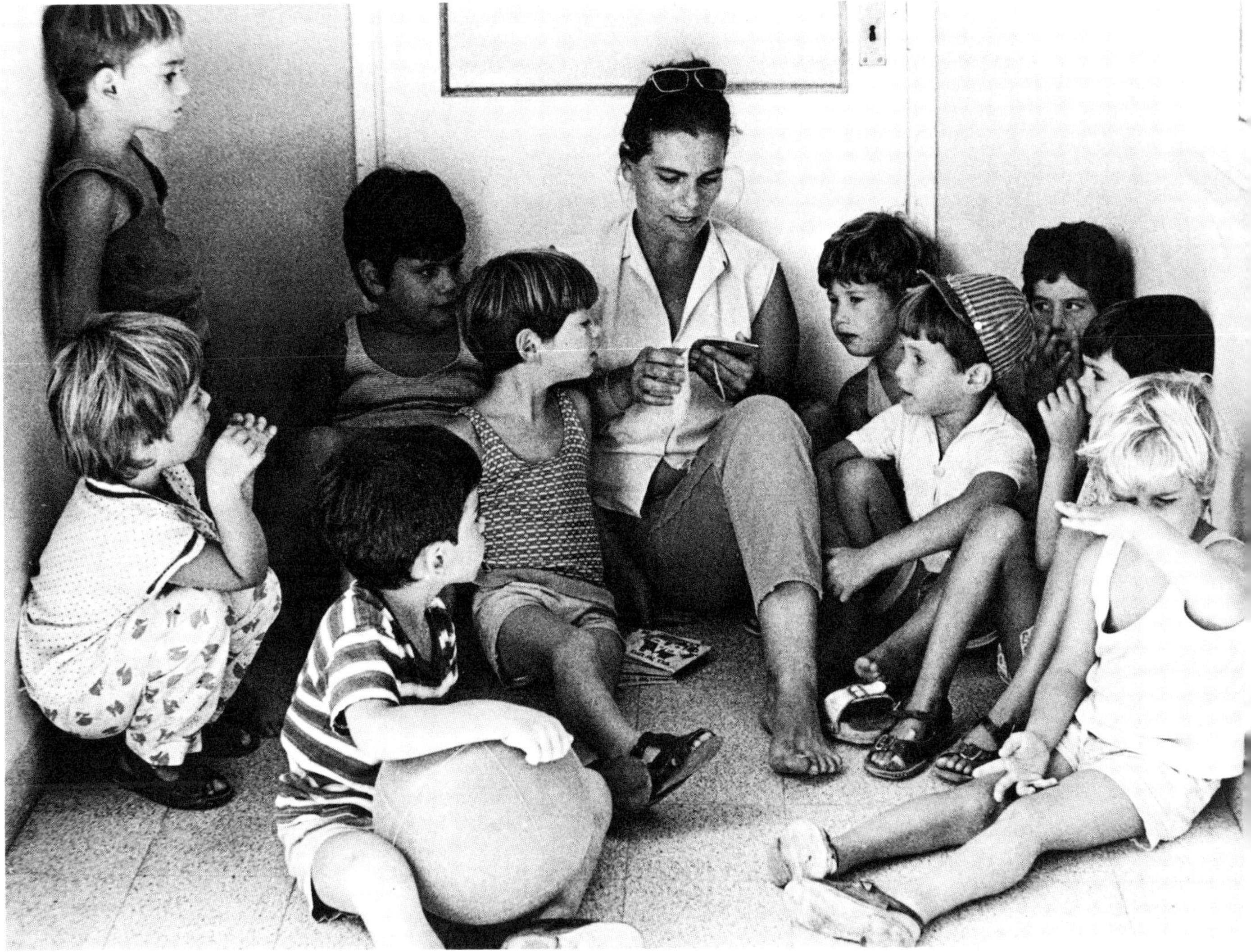

Nachmittag mit ihm verbracht haben. Später werden Tami und Uzi ihrer Keren jeweils die Gutenachtgeschichte erzählen und ihre weitere Entwicklung in engem Kontakt mit der Metapeled, der Erzieherin, begleiten.

Freier Spielraum für die »Kinder der Zukunft«

Erziehung zur Gemeinschaft

Charakteristisch für Familienleben und Erziehung im Kibbuz ist eine innige persönliche Bindung zwischen Eltern und Kind einerseits, die vom ersten Tag an einsetzende Einordnung in die gesamte Kibbuzgesellschaft andererseits. So lernt das Kind auf natürliche Weise, sich einfügen. Es denkt und entscheidet später auf die Gruppe und die umfassende Lebensgemeinschaft bezogen, was sich denn auch ausserhalb des Kibbuz in einer überdurchschnittlichen Einsatzbereitschaft und im praktischen Verhalten der jungen Kibbuzniks nachweisen lässt.
Freilich weiss jeder erfahrene Kibbuznik um die Grenzen der gemeinschaftlichen Erziehung. Während wir uns in Europa mit zahlreichen Versuchen kollektiver Erziehung auseinandersetzen, zeichnet sich im Kibbuz umgekehrt die Tendenz ab, den familiären Bereich gegenüber dem gesellschaftlichen aufzuwerten. Es gibt bereits Siedlungen, die für Eltern und Kinder gemeinsame Wohnungen eingerichtet haben und dort, wo bisher die strenge Trennung durchgehalten wurde, melden sich kritische Stimmen, die das seit Jahrzehnten geltende Prinzip antasten. Kommt die Erziehung durch Vater und Mutter trotz der angedeuteten Vorteile nicht doch zu kurz? Bedeutet es nicht eine gewisse Gefahr, wenn das Kind in einer relativ konfliktlosen »Freizeitfamilie« aufwächst? Lernt es, sich in der direkten Auseinandersetzung mit der älteren Generation, in der Überwindung von Widerständen, genügend behaupten? Wird es auf den harten Konkurrenzkampf ausserhalb des Kibbuz, falls es sich später in einer Stadt zurechtfinden muss, genügend vorbereitet? Ist ihm nicht zu viel aus dem Weg geräumt worden?

Andererseits ist bedenkenswert, dass die Kibbuzim ein vergleichsweise hohes Niveau der Kinderpflege und die kleinste Kindersterblichkeit nachweisen. Das einzelne Kind ist innerhalb seiner Gruppe gut aufgehoben, und die Probleme der »Schlüsselkinder«, der Scheidungswaisen, der in Heime und Anstalten Versorgten stellen sich niemals in der uns bekannten Form. Sollten die Eltern versagen, so bleibt daneben die Geborgenheit der Gruppe, die Beziehung zur Erzieherpersönlichkeit und die Sorge der ganzen Kibbuzgemeinschaft.

Auch im Schulunterricht wird die kleine Gruppe als Zelle der Kibbuzgemeinschaft erlebt

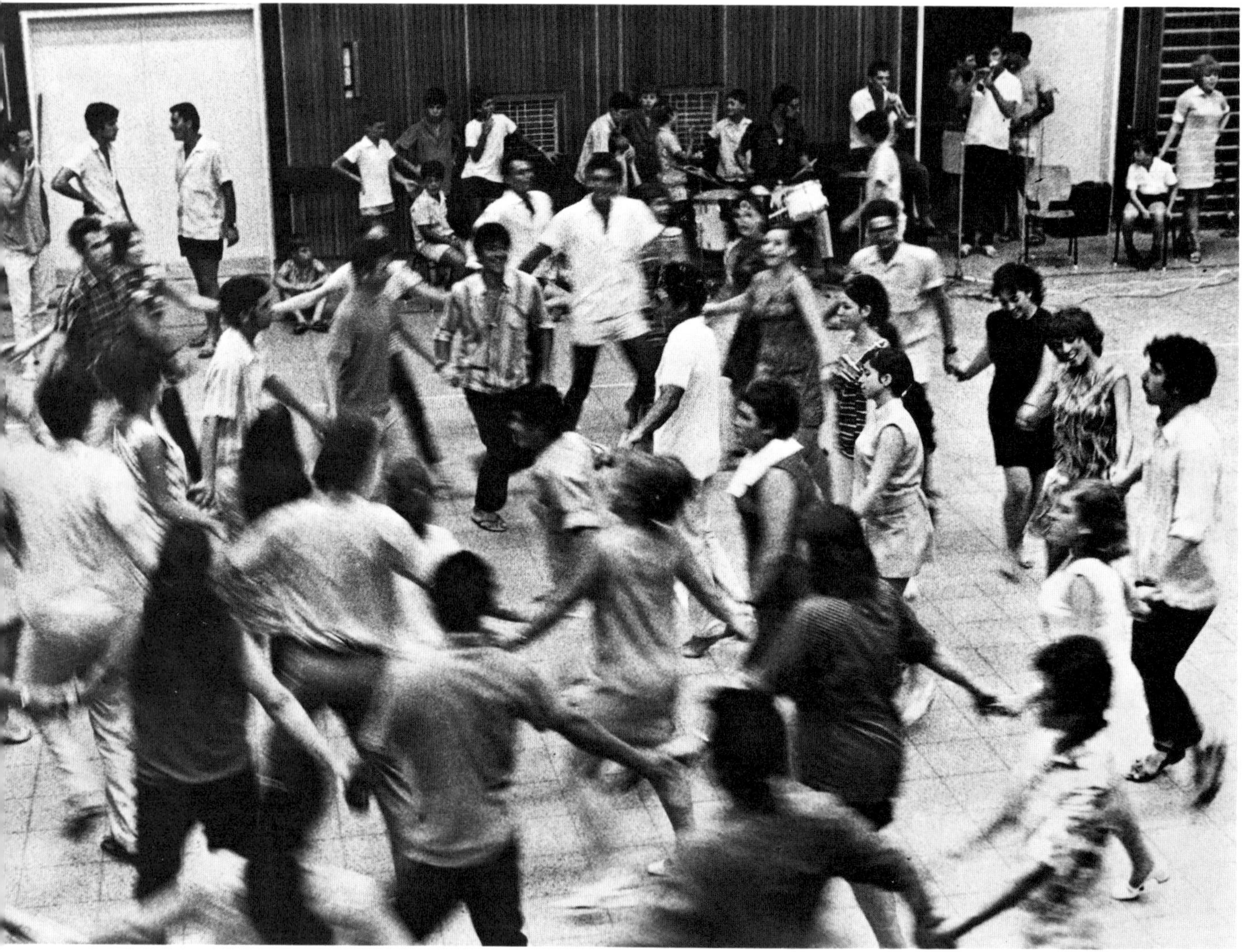

Und immer wieder die Hora:
»Havah nagilah –
Auf, wir wollen tanzen und uns freuen.
Auf, wir wollen jubeln.
Auf, Brüder, erhebt euch mit fröhlichem Herzen!«

Umfassende Schulung

Das ausgewogene Zusammenspiel verschiedener Kräfte wie Altersgruppe, Eltern, Erzieher, Kibbuzgemeinschaft prägen auch den Stil der breit angelegten Schulung, die vom Kindergarten bis zum obligatorischen Militärdienst reicht. In kleinen Gruppen von vier bis sechs Gleichaltrigen wird jedes Kind seiner Eigenart entsprechend gefördert, im freien und beaufsichtigten Spiel, im Erleben und Erfassen seiner Umwelt, in der Entfaltung seiner Denkmöglichkeiten und Handfertigkeiten. Da ein gesundes Verhältnis von Spiel, Freizeitgestaltung, körperlicher und geistiger Schulung angestrebt wird, gehört auch manuelle Arbeit zum Schulprogramm, die Anbahnung einer inneren Beziehung zum natürlichen Werden und Wachsen. Je nach Alter arbeiten die Schüler ein bis vier Stunden täglich in der Landwirtschaft, besorgen Pflanzungen und eine kleine Tierfarm in eigener Regie, eine Art »Kibbuz im Kibbuz«. Spielplätze und Werkstätten stehen zur Verfügung. Musische Fähigkeiten werden nach Möglichkeit gefördert, denn nicht ein bestimmtes Leistungsniveau, sondern die Bildung des gesamten Menschen steht im Vordergrund.

Dass die Kibbuzschule ohne Notengebung auskommt, sei nur nebenbei bemerkt. Notwendige Strafen werden nicht von einer einzelnen Autoritätsperson auferlegt, sondern von der betroffenen Gruppe bemessen. Mit fortschreitendem Alter spielen sich demokratische Formen ein, eine Selbstverwaltung mit Komitees, Vollversammlung, Arbeitsteilung, Sekretariat, Planung, ganz nach dem Vorbild der Erwachsenen. Auch wenn wir mit unseren europäischen Schulsystemen nicht einfach vergleichen dürfen, sind wir erstaunt, dass praktisch jedes Kind vor der mehrjährigen Militärdienstzeit eine Art »Sekundarschule« besucht. Ein ansehnlicher Prozentsatz besteht die Reifeprüfung. Avram, der 25 Jahre unterrichtet hat, erklärt: »Wir nehmen es nicht so eilig in Sachen Beruf. Die Schulungszeit reicht in der Regel bis zum 18. Lebensjahr und erst nach der anschliessenden Dienstzeit folgt unter Umständen eine spezielle Ausbildung.« Sichert sich der Kibbuz auf diese Weise den dringend benötigten Nachwuchs? Ist er bewusst darauf aus, die Jugendlichen in sein System einzugliedern, ohne sie für eine selbständige Laufbahn ausserhalb des Kibbuz auszurüsten? Avram bemerkt, dass Sarid gegenwärtig nicht weniger als zwanzig talentierten Sabres ein Hochschulstudium ermöglicht.

Da uns diese Fragen brennend interessieren, begeben wir uns eines Tages in das Tagungs- und Studienzentrum der Kibbuzbewegung nach Givat Chaviva, um uns dort mit einem Kenner der Materie zu unterhalten. Für Yechiel Harari, der sich bereitwillig zu einem Gespräch zur Verfügung stellt, scheint die Frage nach dem Bildungsniveau zentral. Die erste Kibbuz-Generation war in mancherlei Hinsicht Elite, nicht nur in ihrer Entschlossenheit zur Verwirklichung bestimmter Ideen. Viele Pioniere kamen wenigstens mit Mittelschul-, teilweise mit abgeschlossener Hochschulbildung ins Land. Längst haben die Kibbuzim erkannt, wie wichtig es ist, ein breites und umfassendes Bildungssystem zu schaffen, um das Niveau der Anfangszeit zu halten. Doch nicht genug, der Kibbuz muss mit der raschen Entwicklung Schritt halten, muss sich wandeln, anpassen, neue technologische Mittel nutzen und darum auch vermehrt auf allen Stufen Ausbildung betreiben, nicht zuletzt in einem grossen Angebot von Kursen zur Weiterbildung der Erwachsenen. Von der Ausgestaltung dieser »éducation permanente« wird die Zukunft des Kibbuz wesentlich mitbestimmt werden!

Während der Heimfahrt von Givat Chaviva, der grosszügig angelegten Bildungsstätte, die unseren schweizerischen Tagungszentren wie Gwatt (Thun) oder Boldern gleicht, werden wir an die gewaltige Entwicklung erinnert, welche mit der Aufbauarbeit der Kibbuzim verbunden ist.

Heisse Konkurrenz
in der Sporthalle

Aufbauarbeit im Emek

Unser Bus rast mit voller Geschwindigkeit durch die Ebene, die von alters her als Emek Jizrael, d.h. als »Tal, da Gott sät« bezeichnet wird. Wirklich, es ist, als würden wir durch einen riesigen Garten getragen, der an allen Ecken grünt und blüht. Eingebettet zwischen die galiläischen Berge, die Kuppe des Tabor und Givat Hamore, den Hügel des Propheten im Norden, die Ketten des Gilboa und des Karmel im Süden, erstreckt sich das unabsehbar weite Binnenbecken in einer Länge von etwa fünfzig und einer Breite von zwanzig Kilometern. Wir erblicken ganze Reihen von Kibbuzim, Wälder und Alleen, Felder und Plantagen, Seen und sprühende Bewässerungssysteme, die eine wichtige Voraussetzung für das Gedeihen der Pflanzungen bilden. Jahr für Jahr wird hier eine reiche Ernte an Baumwolle und Getreide, an Mais, Äpfeln, Birnen und Zitrusfrüchten eingebracht, obschon die Landschaft sich noch vor nicht allzulanger Zeit total anders präsentierte: Die Bergrücken waren ihrer Wälder beraubt, die fruchtbare Schicht des Ackerbodens war auf weite Strecken versumpft und verseucht. 1865 hatte ein Reisender angesichts dieses Landstrichs folgende Notiz festgehalten: »Keine Zerstörung ist vollständiger in diesem Land von Ruinen als die von Jisreel...«!

Seit 1907 wurde das durch jahrhundertelange Vernachlässigung entstellte Land durch den Jüdischen Nationalfonds aufgekauft und anrückenden Siedlern zur Verfügung gestellt, eine eher abschreckende Aufgabe für die Chaluzim, die Pioniere: »...weithin Sümpfe, ein grosses Meer von hohem Schilfrohr, erdrückende Hitze, Schwärme von Mücken und Fliegen, die das Ohr betäuben, das Auge blenden, das Atmen erschweren, kein Weg und Steg – ausser den Eisenbahnschienen. So weit das Auge reicht, kein bewohnter Fleck, und nur ganz fern, zu Füssen des Gilboa, bezeichnet ein kleiner, grauer Punkt die Stelle eines verlassenen Dorfes. Die Berge und Hügel im Norden sind kahl, ohne etwas Grünes oder einen Baum, aus den Sümpfen...steigt ein Gestank auf – ödes Land... Hier weidet kein Beduine seine Herde, kein Fussgänger oder Reiter ist zu sehen... Die wenigen Einwohner, ihre Zahl erreicht nicht einmal einige Dutzend, siechen dahin und gehen an Malaria zugrunde... (Eines) wurde mir

Jizra-El – Gott sät.
Doch nicht ohne
den Einsatz unserer
Kräfte.
Ein weitgespanntes
System von Wasser-
adern, Pump-
werken und
Speicherseen sorgt
für das Gedeihen
der Felder und
Plantagen

Land, wo Milch und Honig fliesst... Vor wenigen Jahrzehnten war hier noch Sumpf

»...dann sollen jubeln alle Bäume« (Psalm 96). Der einst des schützenden Waldes beraubte Boden wird heute wieder durch schattenspendende Bäume zusammengehalten und vor Austrocknen und Erosion bewahrt

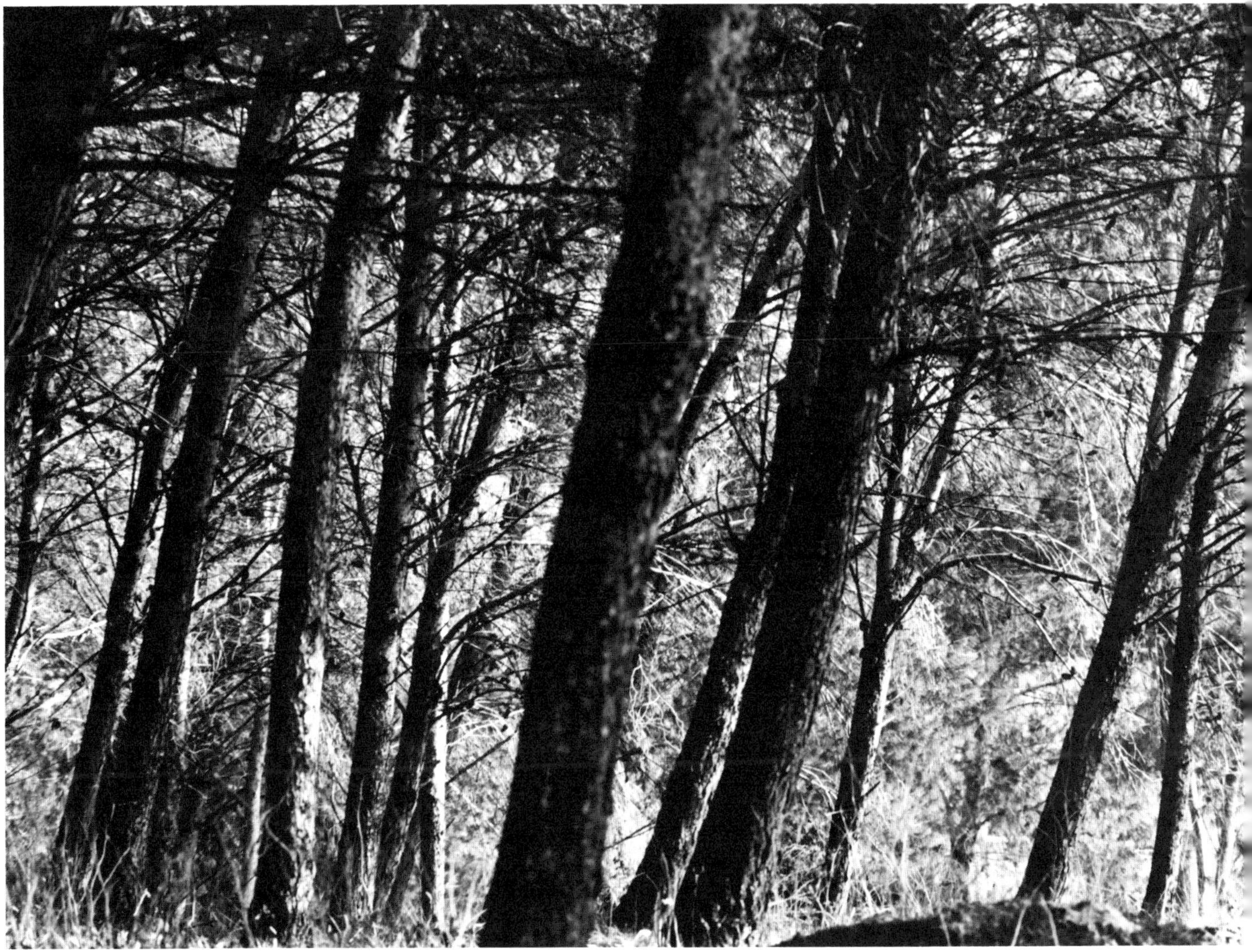

klar: Der Emek fordert viele Opfer, unendliche Kräfte und grenzenlose Hingegebenheit« (Juda Kopelewitsch).

Trotzdem rückten sie an, sporadisch gegen Ende des vergangenen Jahrhunderts, mit grosser Stosskraft in verschiedenen Einwanderungswellen nach dem ersten Weltkrieg. Die Erschliessung des Emek wurde vorangetrieben, unter mörderischen Bedingungen das alte Kulturland zurückgewonnen. Zur »Erlösung des Bodens« aus sinnlosem Brachliegen wurden Dutzende von Kilometern unterirdischer Röhren verlegt, Flussläufe reguliert, Kanäle ausgehoben: »Der Arbeiter steht im Sumpf, schlägt, hackt und gräbt eine 1–1½ m tiefe und ½ m breite Höhlung in den Schlammboden. Mit gebeugtem Rücken arbeitet er Stunde um Stunde, holt die Erde mit der Hacke heraus, schleudert sie fort und beginnt von neuem. Im Sommer ist sein bis zu den Hüften unbekleideter Körper der sengenden Sonnenglut ausgesetzt, im Winter leidet er im feuchtkalten Nebel« (Keren Kayemeth Lejisrael. Der Emek).

Solche Beschreibungen geben uns einen kleinen Begriff vom Einsatz der Pioniere, die den Emek in jahrzehntelanger Arbeit restlos erschlossen und intensivem Anbau nutzbar gemacht haben. Es ist klar, dass auch der Aufbau von Sarid nur im Zusammenhang mit diesem mächtigen Aufbruch verständlich wird.

In biblischer Tradition verhaftete Utopie

Die Gründung von Sarid fällt in die letzte Etappe der planmässigen Wiedergewinnung der Jesreel-Ebene. Ähnlich wie bei andern Siedlungen hatte sich bereits Jahre zuvor auf europäischem Boden eine Gruppe jüdischer Studenten zusammengefunden. Die unter den Diaspora-Juden jahrhundertelang lebendige innere Bindung an das Land der Väter sollte für sie nicht länger eine verinnerlichte Sehnsucht bleiben. Sie drängten darauf, selber hinzugehen, den brachliegenden Boden durch ihren persönlichen Einsatz für den Anbau zurückzugewinnen. Darum gaben sie ihr Studium auf, verzichteten auf eine akademische Laufbahn, eigneten sich die hebräische Sprache und praktische landwirtschaftliche Kenntnisse an, um sich auf den Pionierdienst in Palästina vorzubereiten.

1912 wurde im Gefolge des deutschen und österreichisch-ungarischen »Wandervogels« die zionistische Bewegung »Blau-Weiss« gegründet. Zehn Jahre später spaltete sich eine tschechische Untergruppe, genannt »Tchelet-Lawan«, ab. Sie wollte möglichst rasch die grundlegenden Ideen klären und verwirklichen. Noch während der Vorbereitungszeit im deutschen Bauerndorf Bieberich wurden anfangs Juni 1922 Leitsätze formuliert, die deutlich machen, wie stark einerseits nationale wie auch sozialistische Ideen des vergangenen Jahrhunderts jenen Zionismus bestimmten.
Da ist die Rede von einer »landwirtschaftlichen Siedlungsgenossenschaft«, die sich als »eine vollständige Produktions- und Konsumtionskommune« versteht. Ausdrücklich wird von »sozialistischer Gerechtigkeit und wirtschaftlicher Gleichheit« gesprochen und die Hoffnung ausgedrückt, »gesellschaftsbildend wirken zu können«, zunächst im Rahmen »der Schaffung eines jüdischen Volkslebens« in Israel, später im Hinblick auf die gesamte »arbeitende Menschheit«, also weltweit. Wer mit der israelischen Tradition etwas vertraut ist, entdeckt in diesen Sätzen, die manchen modernen Kibbuznik reichlich phantastisch und unreal anmuten, mehr als Schwärmerei. Dahinter stehen die Ansätze eines sozial-politischen Denkens, wie sie in der hebräischen Bibel deutlich genug sichtbar werden. Leitlinien zu umfassender Verantwortung, zum Ausgleich der Lasten, zum Schutz der Schwachen, der Ungesicherten und Benachteiligten.

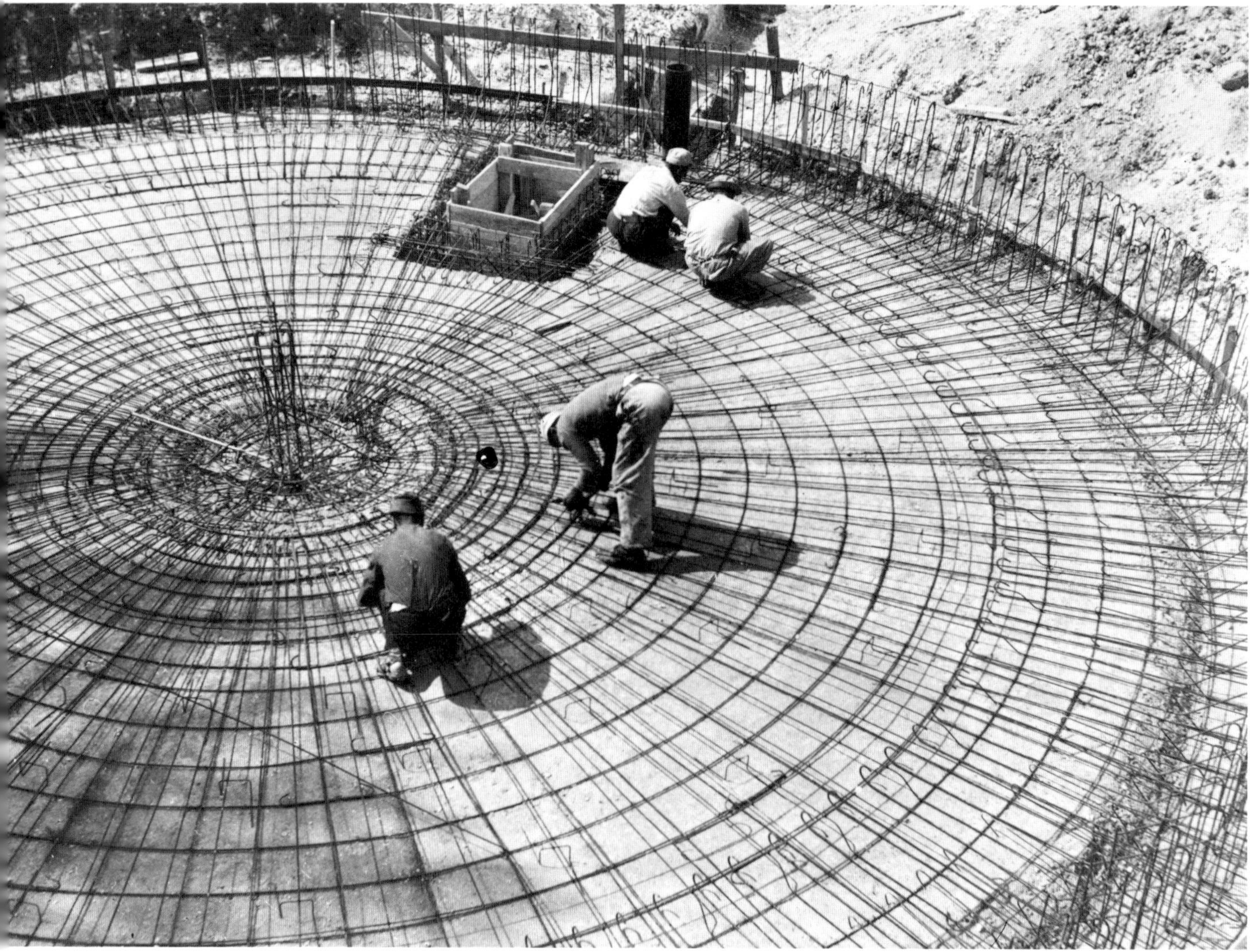

Vorbereitungen für ein neues Wasserreservoir – ein Bild für die tragende Idee der Kibbuzbewegung: »Jachad« – Miteinander!

Die Hälfte des Bodens wird planmässig bewässert

Gemeinsamer Besitz – dazu äussert sich das Alte Testament bereits sehr klar und konkret, indem es verkündet, wir Menschen hätten keinen unbedingten Anspruch auf privaten Grund und Boden, da er dem lebendigen Gott Israels gehöre, der das Land gleichsam als Lehen zur Verfügung stellt (Ps. 24,1; 3. Mose 25,17–19; 23f; 35f; 38). Entsprechend sind heute neun Zehntel des Landes im Besitz des israelischen Staates. Sarid bewirtschaftet ausschliesslich Felder, die nicht dem Kibbuz selber gehören, sondern auf 99 Jahre gepachtet wurden.

Auch die Hoffnung, »gesellschaftsbildend wirken zu können« und die Grundsätze gegenseitiger Hilfe und gerechten Ausgleichs später auf die gesamte Menschheit auszudehnen, hat ihren biblischen Hintergrund. Israel ist von seinem Ursprung her in besonderer Weise beauftragt, »Licht der Völker« zu sein (Jes. 42, 6). Das bedeutet, dass es in Bezug auf die andern Völker eine besondere Aufgabe erhält. Nicht aufgrund ihm eigener Qualitäten, sondern weil es dazu auserwählt ist, im Hinblick auf die gesamte Welt heilvoll zu wirken. Entsprechend sieht noch heute der Kibbuzverband die Aufgabe der Kibbuzim darin, eine »führende Zelle künftiger Gesellschaft«, Vorhut einer für alle Menschen gerechten Gesellschaftsordnung zu sein (Hakibbuz Haarzi 1927). Dabei wird besonders hervorgehoben, dass dieses Ziel niemandem aufgezwungen werden darf, dass die »Freiheit der Wahl und des Weges« zu wahren sei. So wird bis heute niemand genötigt, am Kibbuzleben teilzunehmen. Jeder Eintritt erfolgt durch freien, persönlichen Entscheid, und auf Wunsch kann die Siedlung jederzeit verlassen werden.

»Autorität der Freiheit« – wiederum eine gut biblische Tradition: Das Volk, das Befreiung erfuhr, ist dazu aufgerufen, Freiheit zu verwirklichen. Merkwürdig, wie selbst in der weitgehend verweltlichten Tradition des modernen Israel und eines erklärt nicht-religiösen Kibbuz solch uralte Erfahrung und Hoffnung konkret weiterwirkt – bis hinein in den täglich neu ansetzenden Versuch, möglichst gerechte Formen direkter Demokratie zu entwickeln.

Jachad — Miteinander

Mordechai überschreibt seine aufschlussreichen »Gespräche über den Kibbuz« mit einem hebräischen Ausdruck, der sich bereits in den 2000 Jahre alten Schriftrollen der Lebensgemeinschaft von Qumran am Toten Meer findet: Jachad — Miteinander! Damit trifft er das Wesentliche der grundlegenden Ideen des Kibbuzlebens. Die entscheidende Frage ist nur, wie weit es gelingt, die ursprünglichen Ideale in die Wirklichkeit zu übersetzen. Sind Menschen auf die Dauer bereit, auf freiwilliger Basis partnerschaftlich zusammenzuarbeiten, Besitz und Ertrag zu teilen? Ist es möglich, eine einigermassen gerechte Lösung für ein gemeinsames Leben zu finden, an der möglichst alle aktiv mitwirken? Grischa Lawi, der gegenwärtige Sekretär von Sarid, geht bereitwillig auf diese Frage ein. Er empfängt uns in seinem winzigen Arbeitsraum, in dem von Bürokratie herzlich wenig zu spüren ist. Ein paar Akten liegen auf dem einfach gezimmerten Tisch, primitive Gestelle mit Zeitschriften und Ordnern säumen die Wand, zwei, drei Stühle stehen herum, aber es riecht nicht von ferne nach »Amt« oder gar »Beamtentum« in diesem Sekretariat, in dem doch alle Fäden des gesamten Kibbuzlebens zusammenlaufen und Woche für Woche eine immense Arbeit geleistet wird. Da die Amtsdauer aller Kibbuzfunktionäre beschränkt bleibt, etabliert sich in diesen Räumen niemand für Jahre oder Jahrzehnte. Nach ein bis drei Jahren werden auch vollamtlich Beauftragte, wie z. B. der Maskir, der Sekretär, der Betriebskoordinator, der Arbeits- und der Finanzminister, nach dem Prinzip der Ämter-Rotation abgelöst. So erhalten reihum andere fähige Leute die Chance, für gewisse Zeit wichtige Verantwortungen zu übernehmen. »Wir möchten, soweit das überhaupt möglich ist, jede permanente Bürokratie und jeden Formalismus ausschalten«, präzisiert Grischa. »Unser Ziel ist eine möglichst umfassende direkte Demokratie.«
Wie aber versucht der Kibbuz dieses Ziel zu erreichen? »Viel mehr noch als durch die Ämter-Rotation erhält jeder Einzelne durch die Vorbereitung und Durchführung der regelmässigen Generalversammlungen Gelegenheit, auf die gesamte Kibbuz-Politik direkten Einfluss zu nehmen. Das Kibbuz-Parlament ist weitgehend gesetzgebende und ausführende Behörde zugleich, notfalls auch Rechtsinstanz. Wöchentlich ein Mal kommen wir zusammen, in der Regel am

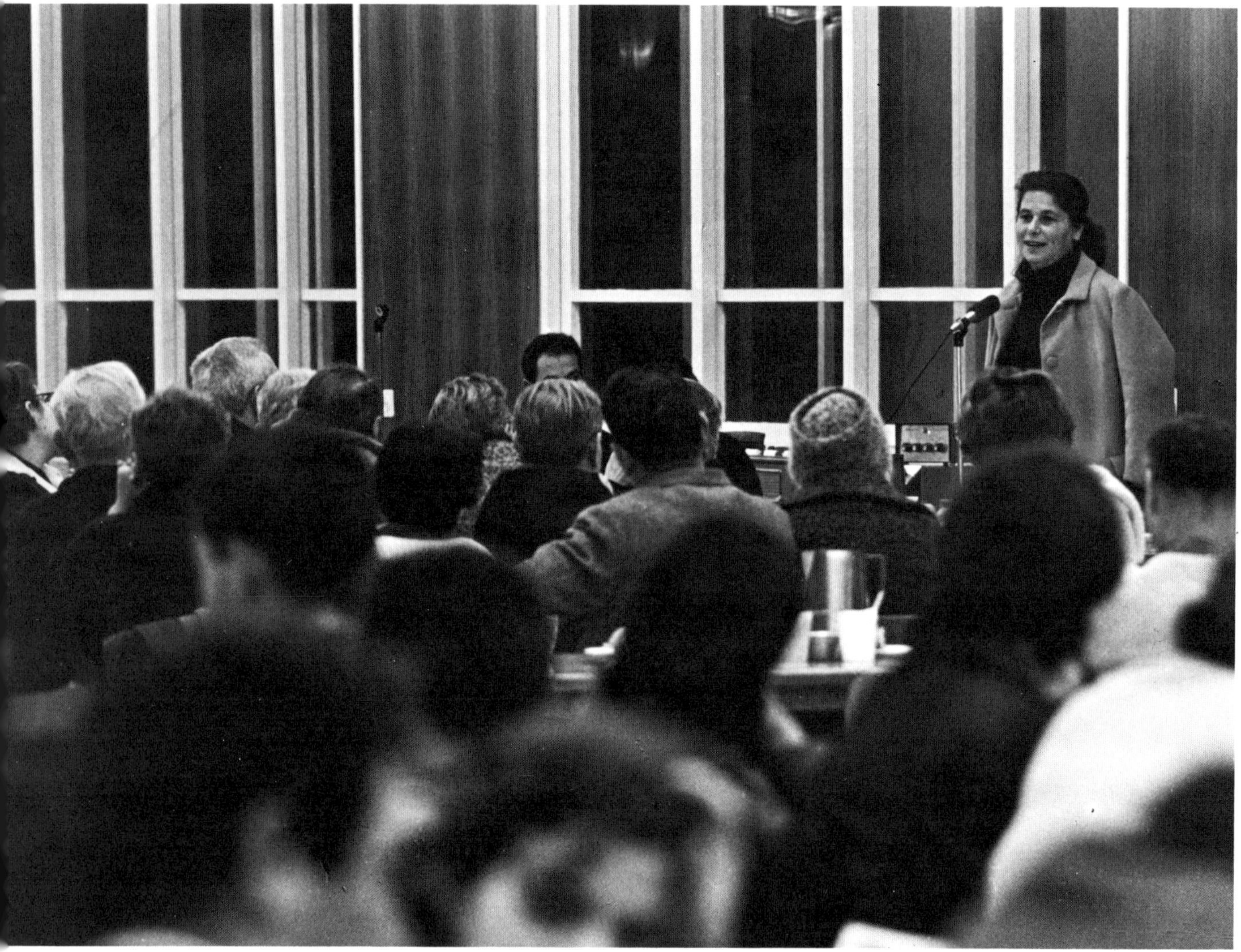

Frauen und Männer erhalten in der wöchentlichen Generalversammlung Gelegenheit zu offener Meinungsäusserung und direkter Mitbestimmung

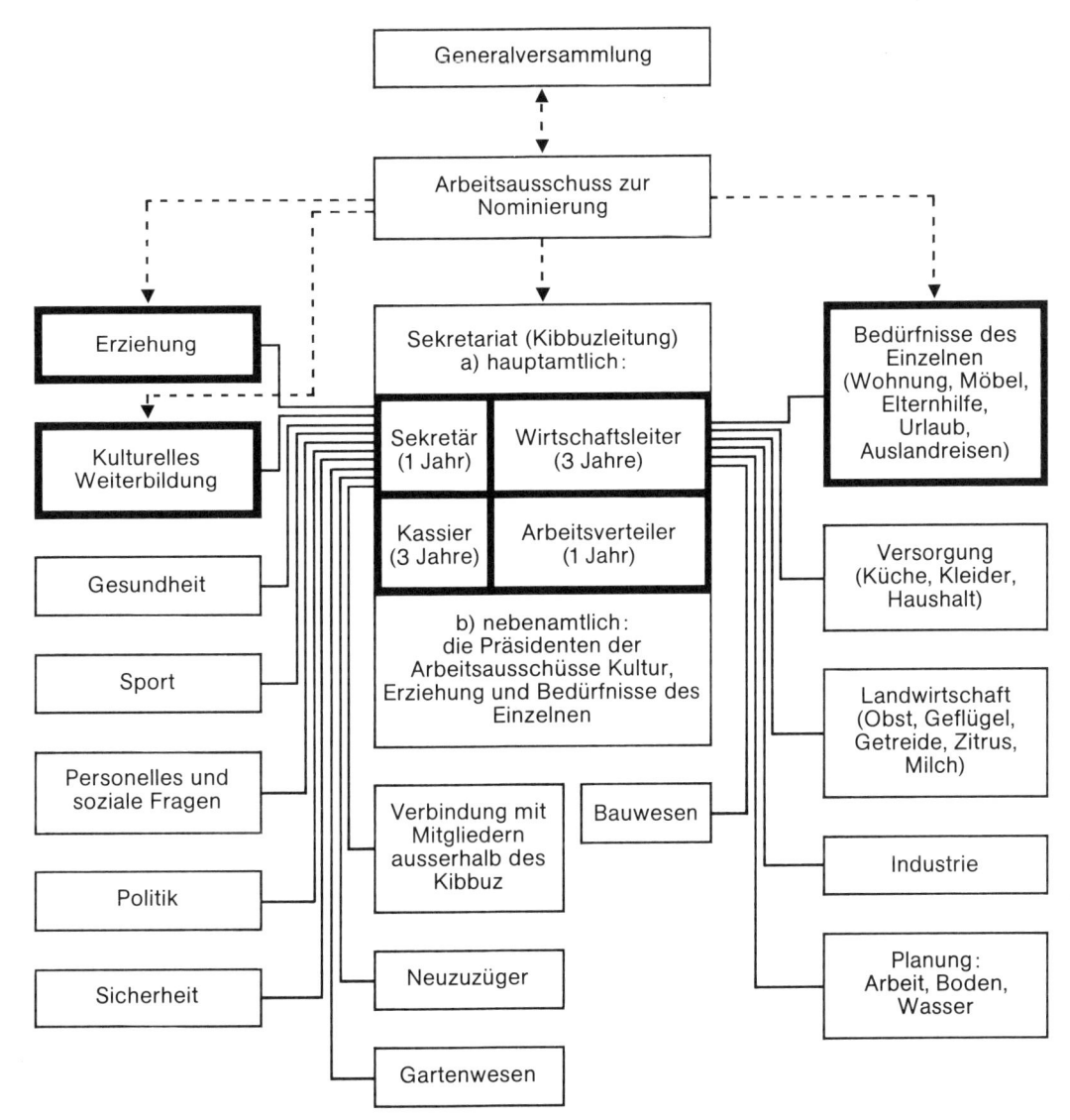

```
                    ┌─────────────────────┐
                    │ Generalversammlung  │
                    └──────────▲──────────┘
                               ▼
                    ┌─────────────────────┐
             ┌─ ─ ─ │ Arbeitsausschuss zur│ ─ ─ ─ ─┐
             │      │    Nominierung      │        │
             │      └──────────▲──────────┘        │
             ▼                 ▼                   ▼
```

Erziehung	Sekretariat (Kibbuzleitung) a) hauptamtlich:	**Bedürfnisse des Einzelnen** (Wohnung, Möbel, Elternhilfe, Urlaub, Auslandreisen)
Kulturelles Weiterbildung	**Sekretär** (1 Jahr) / **Wirtschaftsleiter** (3 Jahre) / **Kassier** (3 Jahre) / **Arbeitsverteiler** (1 Jahr)	
Gesundheit	b) nebenamtlich: die Präsidenten der Arbeitsausschüsse Kultur, Erziehung und Bedürfnisse des Einzelnen	Versorgung (Küche, Kleider, Haushalt)
Sport		Landwirtschaft (Obst, Geflügel, Getreide, Zitrus, Milch)
Personelles und soziale Fragen	Verbindung mit Mitgliedern ausserhalb des Kibbuz — Bauwesen	
Politik		Industrie
Sicherheit	Neuzuzüger	Planung: Arbeit, Boden, Wasser
	Gartenwesen	

Sabbat-Abend. Einzelne Arbeitsausschüsse haben zuvor die einzelnen Geschäfte gründlich vorbereitet, Erziehungsfragen, Probleme des Wirtschafts- und Bauwesens, der Gesundheit, der Weiterbildung, der Verwaltung oder Planung. Da ein hoher Prozentsatz in diesen Komitees mitarbeitet, um die 60–70% der Stimmberechtigten, nimmt die Mehrheit von uns am Meinungsbildungsprozess aktiv teil. Alle wichtigen Entscheidungen werden von dieser Mehrheit verantwortet. Auf diese Weise gelingt es uns, die Entfremdung des Einzelnen von der Gesellschaft zu einem guten Teil zu überwinden und eine möglichst volle Identifikation jedes Mitgliedes mit der Gemeinschaft zu erreichen.«

Kibbuz im Wandel

Von jeher hatte Sarid für seine Existenz hart zu kämpfen, genau genommen seit der Gründung im Jahre 1926. Zwar wurden die ersten materiellen Schwierigkeiten dank grosszügiger Beihilfe gemeistert. Die Finanzierungsinstrumente der Kolonisation, Keren Kajemeth, der jüdische Nationalfonds und Keren Hajessod, der Grundfonds, griffen der kleinen Pioniergruppe unter die Arme, erwarben den Boden und gewährten die nötigen Mittel zur Niederlassung. Sarid erhielt auf diese Weise einen »sehr guten Start« für seine Entwicklung. Diese hatte aber innerhalb einer ausgesprochenen Krisenzeit zu erfolgen.
Seit 1924 strömten vor allem aus Polen zahlreiche Immigranten ins Land, innerhalb von zwei Jahren deren 62 000, wovon allerdings nach kurzer Zeit nicht weniger als 11 500 wieder ausreisten. Die vierte Alijah (Einwanderungswelle) war dadurch gekennzeichnet, dass die wenigsten Interesse am Kibbuzleben und an der harten Kolonisationsarbeit auf dem Land zeigten. Der weitaus grösste Teil von ihnen liess sich in Städten nieder, vor allem in Jaffa/Tel Aviv, betrieb Kleinhandel, Handwerk und Industrie. Das kleine Wirtschaftswunder brach jedoch innert weniger Monate zusammen.
Auch wenn dank geschickter Beschäftigungspolitik durch öffentliche Arbeiten, Erweiterung der Zitrusplantagen und Umorganisation von Industrien dem Übel gesteuert werden konnte, hatten die Kibbuzim keinen leichten Stand. Das ihnen zugeteilte Arbeiterkontingent wurde trotz der Arbeitslosigkeit strikte beschränkt. Aus dieser Zeit datiert z. B. ein Schreiben der Zionistischen Exekutive an die Siedlung Sarid, worin energisch festgehalten wird: »In Anbetracht der Tatsache, dass ihre Siedlung gegenwärtig 29 Arbeiter und 16 Arbeiterinnen zählt, fünf Arbeitskräfte mehr als wir für Ihre landwirtschaftliche Siedlung festgesetzt haben, ersuchen wir Sie dringend, die Zahl der Arbeiter auf 40 Seelen zu reduzieren und uns Ihre Aktion brieflich zu bestätigen...« (17.2.29).
Seither ist Sarid zu einer stattlichen Niederlassung von über 700 Einwohnern ausgebaut worden. Viele Faktoren haben dazu beigetragen, dass im Gegensatz zu andern ähnlichen Versuchen die israelischen Kibbuzim das einzige Experiment geblieben sind, das vorläufig durch ein »vorbildliches Nicht-Scheitern« (Martin Buber) gekennzeichnet bleibt. Wohl vor allem deshalb, weil diese Siedlungen

Sabres: die Früchte des Feigenkaktus sind aussen stachlig, innen jedoch weich und süss

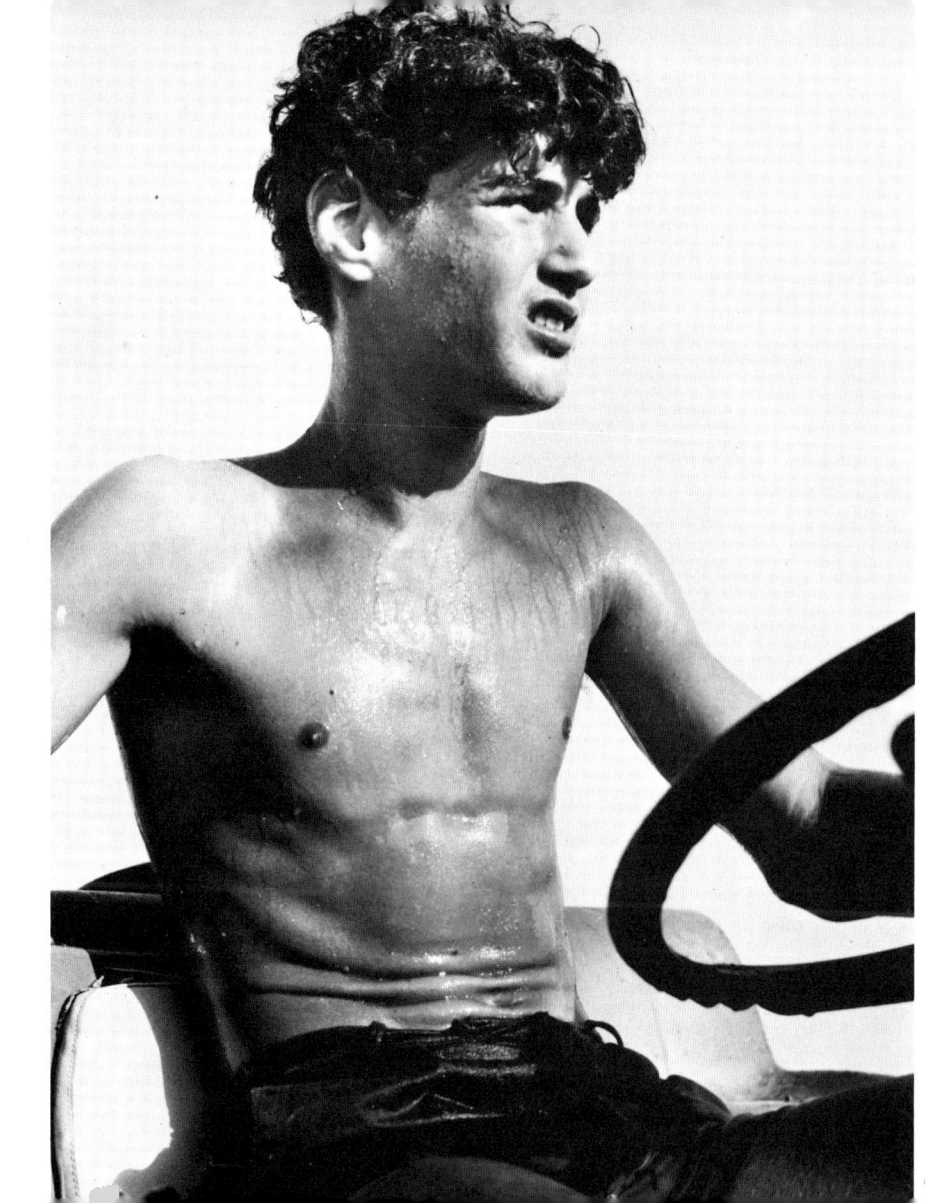

Mit andern zusammen wird er die Zukunft des Kibbuz zu meistern suchen

sich über Jahrzehnte als erstaunlich wandlungsfähig erwiesen haben. Die Rationalisierung und Technisierung der Landwirtschaft wurde rechtzeitig eingeleitet, Industrie angegliedert und die Weiterbildung der Erwachsenen bewusst gefördert. Die Kibbuzim schlossen sich zu mächtigen Landesverbänden zusammen, die bis heute ihren Einfluss auf vielen Gebieten geltend zu machen vermögen.

Ob sie aber auch in Zukunft Schritt halten werden? Statistiken melden einen relativen Rückgang der Kibbuzbevölkerung im Vergleich zur Gesamtheit des Staates. Von den Neueinwanderern interessieren sich gegenwärtig verhältnismässig wenige für kollektives Zusammenleben. Andererseits bleibt die anhaltende Bedeutung der Kibbuzim in der gesamten israelischen Gesellschaft erstaunlich, finden wir doch eine verhältnismässig grosse Zahl von Kibbuzmitgliedern in führenden Positionen, in der Forschung, in der Politik, im Militär, im Schulwesen, im Musikleben. Der Idealismus der Anfangszeit ist aber längst überholt. Man hat gelernt, zu planen und zu rechnen. Die ehemaligen Pioniere übergeben ihr Werk in die Hände der zweiten und dritten Generation, die viel sachlicher und eher egozentrisch denkt. Die grossen Ideale sind zumindest teilweise verwirklicht, die elementaren Probleme der Anfangszeit gemeistert. Für Essen, Wohnung und Kleidung ist gesorgt. Und die Lebensformen, welche sich aus der Notlage der ersten Jahrzehnte aufdrängten, sind nicht mehr ohne weiteres einsichtig. Doch sucht auch Sarid unbeirrbar und nüchtern nach einer zeitgemässen Verwirklichung der alten Ideale. Das mag ein Ausschnitt aus einem Brief eines erfahrenen Pioniers belegen: »Wir wissen, dass der Kibbuz seine Geburt einer bestimmten geschichtlichen Stunde und einem bestimmten geschichtlichen Standort verdankt. Ob er sich ohne weiteres auf andere nationale und gesellschaftliche Gegebenheiten übertragen lässt, wie man es hin und wieder, hier und dort versucht, möchte ich bezweifeln. Hier in Israel ist er aus einem nationalen und sozialen Notstand besonderer Art entstanden. Zur Zeit der Staatsgründung, 1948, als er von seiner Sendung monolithisch durchdrungen war, hat er seinen Höhepunkt erlebt. Unter der Landflucht hat er wahrscheinlich nicht mehr gelitten als andere hiesige Siedlungsformationen, dagegen hat das Sendungsbewusstsein in den jüngeren Jahrgängen stark nachgelassen, und der wachsende Wohlstand gefährdet die Gleichheit, auf der er beruht. Der Kibbuz ist in einer raschen Wandlung begriffen«.

Das »Bebauen und Bewahren« (1. Mose 2, 15) geschieht heute mit rationellen Arbeitsmethoden

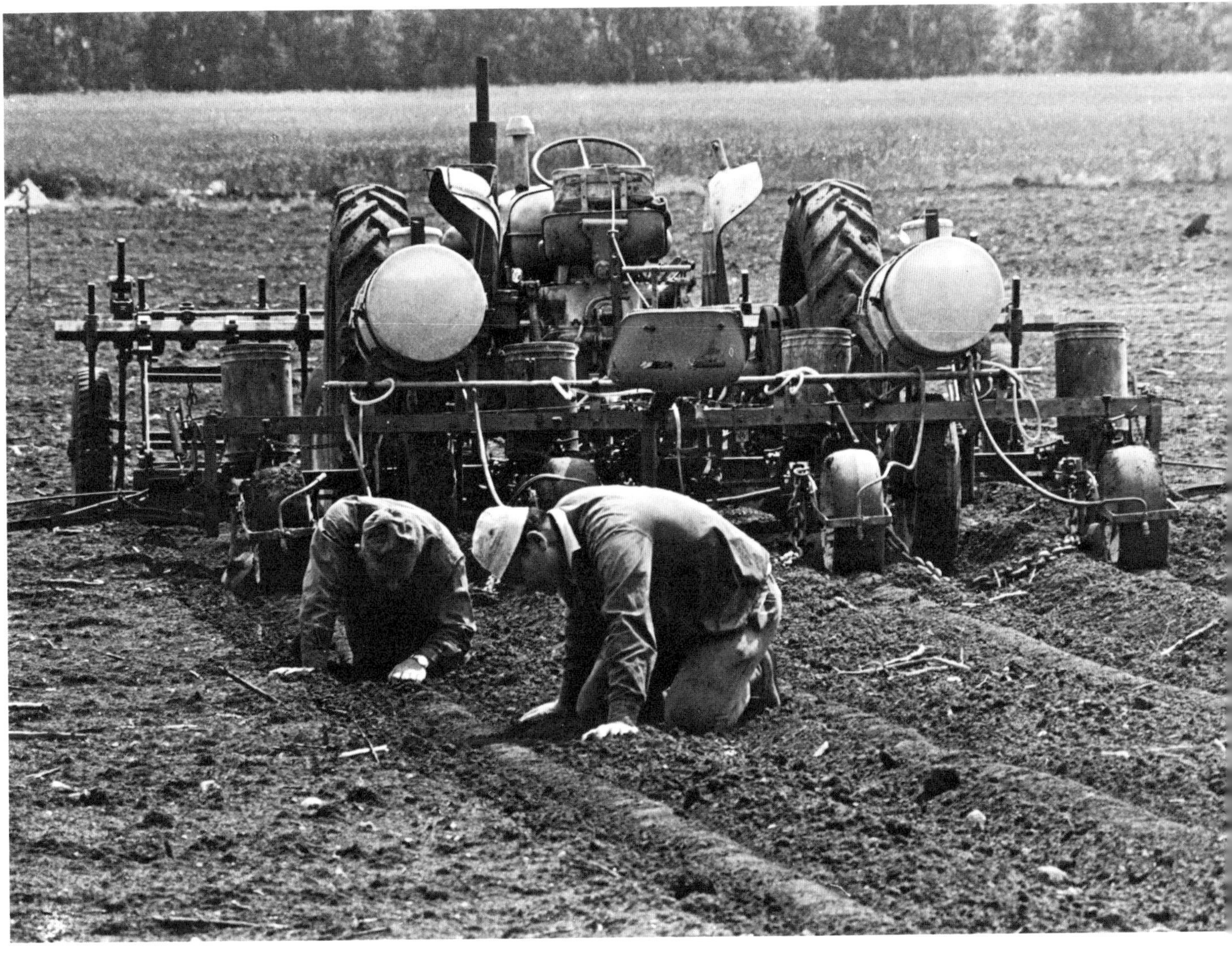

Die schönsten
Birnen findet
Thomas drei Meter
über dem Boden

Kilometerweit liegen die Äcker und Pflanzungen unterhalb der grosszügig angelegten Siedlung

Herausgefordert zum Gespräch

Weit davon entfernt, sich mit dem einmal Errungenen zu begnügen, ist die Kibbuz-Bewegung bis heute nicht zur musealen Einrichtung erstarrt, sondern *in Bewegung* geblieben. Der Kibbuznik spricht gerne von »dynamischer Entwicklung«, weil er weiss, dass das ganze Unternehmen innerhalb des modernen Staates nur als Experiment und Provisorium lebensfähig bleibt. Gerade dadurch fordert es uns zur Auseinandersetzung heraus. Es muss uns doch beschäftigen, dass eine jüdische Bewegung, die sich »nicht-religiös« gibt, im Grunde biblischen Anliegen verpflichtet ist. So wird im Reisebericht einer Gruppe der »Evangelischen Jugendreisen« als Fazit der Begegnung mit dem Kibbuz besonders das Suchen nach einer möglichst gerechten Gestaltung gemeinsamen Lebens hervorgehoben:

»Wir sind etwas hellhöriger geworden und sensibler für Fragen der Gemeinschaft, weil hier tatsächlich versucht wird, ernst zu machen mit dem Gedanken, dass wir Menschen zusammengehören und dass wir aufeinander angewiesen sind. Jeder gibt, was er kann und jeder nimmt, was er braucht – das wäre eigentlich ein guter Grundsatz. Wir sind überzeugt, dass auch die christliche Gemeinde viel von der Wirklichkeit des Kibbuz lernen und übernehmen kann. Sicher, die Form lässt sich nicht einfach übertragen oder kopieren. Ebenso klar ist uns in diesen Wochen geworden, dass das Leben mit andern viel Opfer und eine echte Bereitschaft zur Eingliederung verlangt, dass es etwas kostet.«

Ganz praktisch dürften wir uns beispielsweise fragen lassen, wie weit *wir* bereit sind, gemeinsames Leben konkret zu planen, zu experimentieren, zu gestalten. Ob nicht auch wir Christen, die von der Leib-Haftigkeit der Wege Gottes so schön zu reden wissen, damit noch ganz anders ernst zu machen hätten? Vielleicht dadurch, dass wir verbindlichere Formen des Zusammenlebens wagen oder dadurch, dass wir Siedlungen und Wohn-Räume anlegen, die uns nicht hoffnungslos in Einfamilien-Ghettos oder Massenblöcke einbetoniert sein lassen, sondern Spielraum für ein selbstverständliches Zusammensein gewähren und zugleich die für jeden einzelnen nötige Privatsphäre garantieren.

Mir scheint auch, dass das Modell des »Ulpan«, der Kibbuz-Sprachschule für die Neugestaltung unserer Unterrichtsformen in Schule, Unterweisung und

Jeder ist Kollege und Teilhaber zugleich — mitbestimmender Partner im Interesse der Gemeinschaft

Die Wohnhäuser der mittleren und älteren Generation zeugen vom verhältnismässig hohen Lebensstandard

Erwachsenenbildung beachtet werden müsste. Ist nicht der Lernprozess in diesen intensiven Kursen darum so fruchtbar, weil praktisch jeder Teilnehmer lernen *will* und weil Kopf- und Handarbeit in geschickter Weise aufeinander abgestimmt werden? Eben darin besteht übrigens die Anziehungskraft der vorbereiteten und geführten Kibbuzeinsätze des »Christlichen Friedensdienstes« und der »Evangelischen Jugendreisen«, die geistige Auseinandersetzung und körperliche Arbeit verbinden. Auf diese Weise werden junge Menschen zu persönlichem Interesse, zu engagiertem Mittendrin-Sein geführt und es wird ihnen etwas von dem »unwiderruflichen Einsatz aufs Konkrete« (Gersom Scholem) zu spüren gegeben.
Mit diesem »unwiderruflichen Einsatz aufs Konkrete« ist freilich eine Tatsache angedeutet, die uns noch ganz anders zur Zwiesprache, zum ernsthaften Bemühen und zu Entscheidungen herausfordert, nämlich die Anwesenheit Israels als Nation im Vordern Orient. Wir sahen, wie bedeutsam die Leistung der »Chaluzim«, der Pioniere, für die Urbarmachung des Bodens und darum auch für die Vorbereitung und Gründung des jungen Staates geworden ist. Dieser Beitrag der Kibbuzim ist in der jüngsten Geschichte Israels nicht mehr wegzudenken. Aber wurde dadurch nicht das Problem der arabischen Palästinenser mit verursacht? Wie kommt es, dass im Kibbuz, der eine eindrückliche Vielfalt europäischer Sprachen in sich aufzunehmen und zu verschmelzen vermochte, kein einziger Jude orientalischer Herkunft Zuflucht gefunden hat? Wenig befriedigend ist die Antwort, Immigranten aus Marokko, Jemen und andern arabischen Staaten seien weder willens noch in der Lage, sich in der Siedlung einzuleben. Warum unternimmt denn der Kibbuzverband nicht bewusste Anstrengungen, um solche anders gearteten Elemente zu seiner eigenen Bereicherung und Weiterentwicklung in sich aufzunehmen? Und warum begegnen uns im Kibbuz zwar hin und wieder israelische Araber, jedoch nur am Rande, auf dem Bauplatz, als Fremdarbeiter also, dazu noch entgegen jener Theorie, die grundsätzlich jede Entlöhnung verpönt, – als Lohn-Arbeiter?
Gerechterweise haben wir darauf hinzuweisen, dass der Kibbuz nicht nur in der Lage ist, seine eigenen innern Konflikte in eigener Regie zu meistern, indem sich die zuständigen Arbeitsausschüsse damit befassen und letztinstanzlich die Generalversammlung drohende oder aufgebrochene Differenzen regelt. Konstruktive Vorschläge zur Schaffung des ersehnten Schalom, des guten Einverneh-

mens, der friedlichen gemeinsamen Entwicklung und Konfliktbewältigung sind immer wieder auch von den Kibbuzim und deren Vertretern im Parlament vorgetragen worden. Aber in diesem Punkt wird ähnlich wie in andern Bereichen etwas von der schwierigen Stellung des modernen Kibbuz deutlich. Seine Prinzipien versucht er nach wie vor zu verwirklichen. Aber er ist nie in der Lage, die angestrebte Gerechtigkeit, die Gleichheit und Freiheit für alle konsequent durchzusetzen. Unter dem Druck seiner Umwelt wird er zu harter wirtschaftlicher und ideologischer Konkurrenz gezwungen. Zwar leisten die Kibbuzim, deren Bevölkerung in Israel nur eine kleine Minderheit ausmacht, erstaunliche Beiträge in der landwirtschaftlichen Forschung, Planung und Produktion, in der dezentralisierten Industrialisierung, in Schulung und Erwachsenenbildung, bis hinein in die gesamte Politik. Es ist ihnen aber nicht gelungen, die Mehrheit des Volkes oder auch nur eine grössere Anzahl der neu Eingewanderten für ihre Ideen zu gewinnen. Sie sind gleichsam kleine Inseln geblieben, in ihrer modellhaften Bedeutung jedoch nicht zu unterschätzende Brennpunkte ernsthaften Suchens und Aufbauens.

Dadurch rücken sie ganz in die Nähe dessen, was wir Christen als »jüngerer Bruder« des Volkes Gottes auf unsere Weise erfahren. Kein vernünftig denkender Mensch, zuallerletzt aber die Generation der jüngeren Kibbuzniks, die als »die skeptischen Sieger« an die Bewältigung ihrer Zukunft schreiten, werden behaupten, der Kibbuz sei die beste und vorbildlichste aller Welten. Umgekehrt werden wir Christen niemals als glücklich Besitzende zu urteilen und zu richten haben. Je mehr wir nämlich in die aktuellen Probleme des Kibbuz Einblick erhalten, desto deutlicher entdecken wir tiefe Gemeinsamkeiten, vor allem, wie sehr wir beiderseits darauf angewiesen sind, in den uns bedrängenden Konflikten *gemeinsam* zu suchen, zu arbeiten und zu hoffen.

»Haschomer Hazair«-
Jung-Wächter.
Vom Wohlstand
bedrohter Sohn der
Pioniere?
Oder Vorhut
einer kommenden,
für alle gleicher-
massen mensch-
lichen Gesellschaft?

Literaturhinweise

Aus der kaum überblickbaren Israel-Literatur sind hier ein paar Titel ausgewählt, die umfassender über das Leben im Kibbuz informieren.

Mordechai Amitai, Together (Jachad), Conversations about the Kibbutz, World Hashomer Hazair, Tel Aviv 1966.

Joseph Baratz, Siedler am Jordan, Die Geschichte vom ersten Kibbuz, erzählt von Joseph Baratz, Vandenhoeck & Ruprecht, Göttingen, oJ. (A Village by the Jordan. The Story of Deganya. London 1954).

Bruno Bettelheim, Die Kinder der Zukunft (The Children of the Dream, 1969), Gemeinschaftserziehung als Weg einer neuen Pädagogik, Fritz Molden, Wien-München-Zürich und Ex Libris Zürich, 1973, Deutscher Taschenbuchverlag, München 1973 (dtv 888).

Martin Buber, Israel und Palästina. Zur Geschichte einer Idee, Artemis, Zürich 1950.

H. Darin-Drabkin, Der Kibbuz, Die neue Gesellschaft in Israel (The other Society, 1961). Klett, Stuttgart 1967.

Heinrich Jäger, Kfar Hanasi, ein Kibbuz in Israel; Klett Stuttgart 1973.

Hans Jendges, Israel, Eine politische Landeskunde. Zur Politik und Zeitgeschichte 39/40. Colloquium, Berlin 1971.

Kibbuzbewegung, Gespräche mit israelischen Soldaten (Siach Lochanim) neu durchgesehen und redigiert von Rolf Steinberg mit einem Geleitwort von D. Strothmann. Melzer, Darmstadt 1973².

Ludwig Liegle, Familie und Kollektiv im Kibbutz. Eine Studie über die Funktion der Familie in einem kollektiven Erziehungssystem. Beltz, Weinheim-Berlin-Basel 1972.

Ludwig Liegle (Hrsg), Kollektiverziehung im Kibbutz. Texte zur vergleichenden Sozialforschung. Erziehung in Wissenschaft und Praxis 14. Piper, München 1971.

Hermann Meier-Cronemeyer, Kibbuzim – Geschichte, Geist und Gestalt. Erster Teil. Verlag für Literatur und Zeitgeschehen. Hannover 1969.

Hermann Meier-Cronemeyer, Ulrich Kusche, Rolf Rendtorff, Israel in Nahost. Edition Zeitgeschehen 9. Fackelträger, Hannover 1973.

Martin Pallmann, Der Kibbuz. Zum Strukturwandel eines konkreten Kommunetyps in nichtsozialistischer Umwelt. J.C.R. Mohr, Tübingen 1966.

Chasya Pincus, Von den vier Enden der Erde. Israels Kinder kehren heim. Hrsg. von den Freunden des Schweizer Kinderdorfs »Kirjath Jearim«, Zürich 1971.

Menachem Rosner, The Kibbuz as a Way of Life in Modern Society, Center for Social Research on the Kibbutz. Givat Haviva, oJ.

Shimon Sachs, Der grüne Traum (Hachalom Hajarok, Tel Aviv 1964) Jugend in Israel, Juventa München 1966.

Shimon Sachs, Aus Nomadenkindern werden Schüler, Erziehungsprobleme orientalischer Einwandererkinder in Israel, Huber, Bern-Stuttgart 1967.

Kurt Sontheimer (Hrsg), Israel – Politik, Gesellschaft, Wirtschaft. Piper, München 1968.

Sally Watson, Wir aus dem Kibbuz, Benziger, Zürich-Einsiedeln, Köln, 1969^2.

72

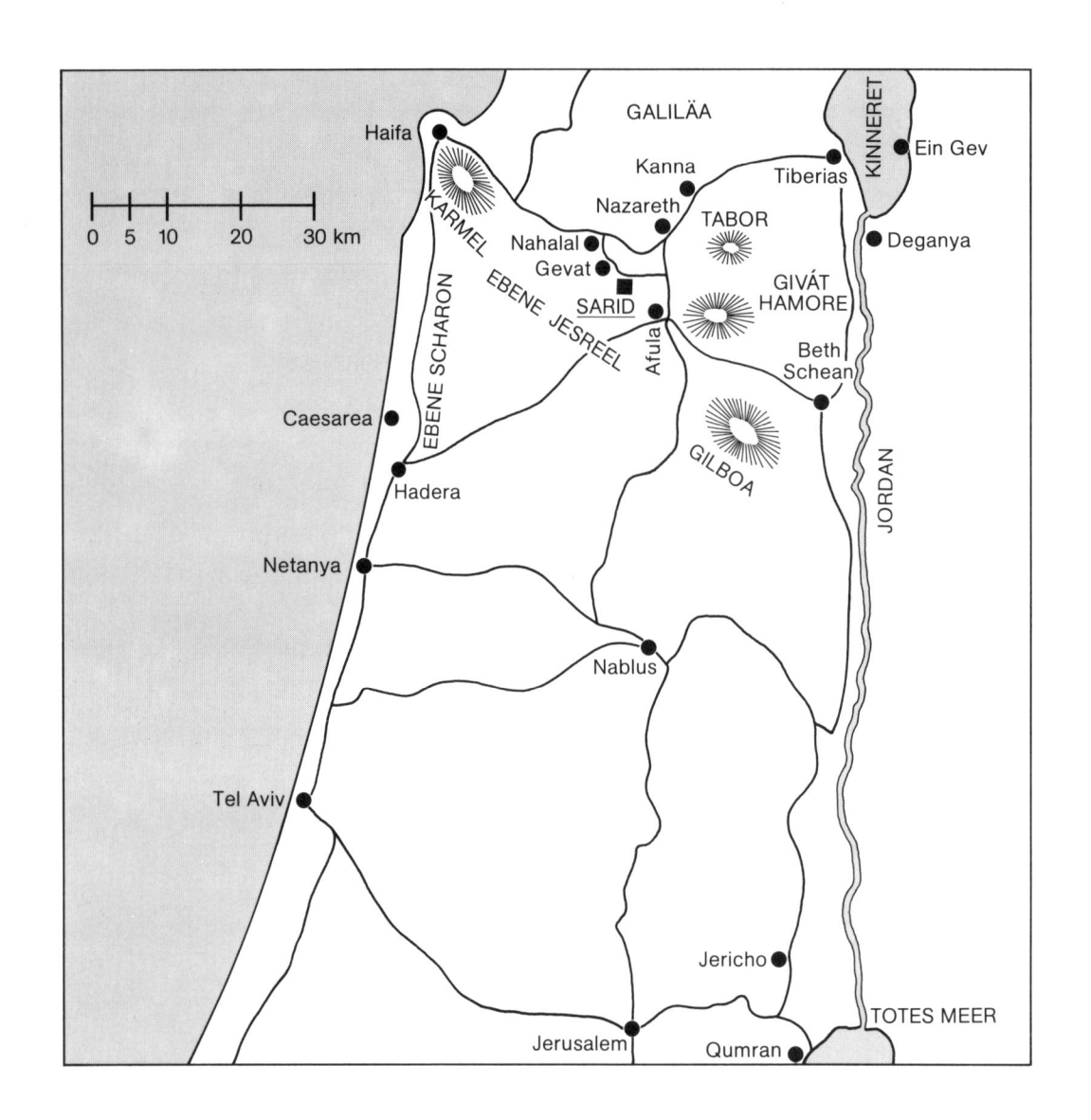